W RITING
经典写作课

普林斯顿文学课

Conversación en Princeton Con Rubén Gallo

〔秘鲁〕马里奥·巴尔加斯·略萨 著
Mario Vargas Llosa

侯健 译

人民文学出版社
PEOPLE'S LITERATURE PUBLISHING HOUSE

著作权合同登记号　图字 01-2020-2077

图书在版编目（CIP）数据

普林斯顿文学课 /（秘）巴尔加斯·略萨著；侯健译.
—北京：人民文学出版社，2020（2023. 1 重印）
（经典写作课）
ISBN 978－7－02－015956－7

Ⅰ. ①普… Ⅱ. ①马… ②侯… Ⅲ. ①马里奥·巴尔加斯·略萨-访问记
Ⅳ. ①K837. 785. 6

中国版本图书馆 CIP 数据核字（2020）第 008829 号

责任编辑　卜艳冰　　陶媛媛
封面设计　汪佳诗

出版发行　**人民文学出版社**
社　　址　北京市朝内大街 166 号
邮政编码　**100705**

印　　制　山东新华印务有限公司
经　　销　全国新华书店等

字　　数　147 千字
开　　本　890 毫米×1240 毫米　1/32
印　　张　8. 75
版　　次　2020 年 7 月北京第 1 版
印　　次　2023 年 1 月第 3 次印刷

书　　号　978-7-02-015956-7
定　　价　49. 00 元

如有印装质量问题，请与本社图书销售中心调换。电话：010－65233595

目 录

引　言
马里奥·巴尔加斯·略萨在普林斯顿

　　我是在十年前的 10 月 10 日认识马里奥·巴尔加斯·略萨的，地点就在普林斯顿。学校出版社的社长皮特·多尔蒂给我写了封邮件，邀请我参加一次简短的会谈："普林斯顿大学出版社准备出版马里奥关于《悲惨世界》的评论，作家本人明天会来和我们的销售团队聊聊他的书……"邮件里这样写道。

　　会谈被安排在校内的一间教室里进行，我如约参加。马里奥穿着西服，打着领带，坐在他周围的是出版社销售团队的所有成员，有男有女，基本都是三四十岁的年纪，全是美国人，身上透着一股大学里典型的拘束感。他们说话时不敢看马里奥的眼睛，还会因为紧张而在发言时动来动去，好像他们不知道该如何应对这种场面，也不知道该提出怎样的问题。

　　马里奥则恰好相反，他如平常一样温和而亲切。他表现得十分轻松，就像在自己家里似的。他和销售团队聊天时的样子会让你感觉他们就像是相识多年的老友。当他开始谈论与那本即将出版的书相关的事情时，他的表达方式和语音语调又使得整间教室迅速充满了活力。

　　"想想看，"马里奥说道，"维克多·雨果一直到结婚前还是处男。在那之前，他从没和任何女性发生过关系。对于一个生活在他那个时代的男人来说，这简直太奇怪了。他一直是处男！"

销售团队的成员们明显尴尬了起来。他们在手中的黄色笔记本上做着记录，竭力不在马里奥说话时抬头看他。

"不过呢，"马里奥继续说道，"也发生了些不同寻常的事情。在新婚之夜，维克多·雨果极度享受那种新鲜的体验，他和他的妻子一个晚上做了七次。"

销售团队成员们死死地盯着各自的笔记本，写字的速度更快了。

"七次啊。不是一次也不是两次，是七次。一个晚上七次啊！你们能理解那需要多么强大的精力吗？要知道那时候雨果已经不是个年轻小伙了。七次啊！"

销售团队的成员们脸涨得通红，依旧飞速地在做着记录。其中有一位女士的脸已经红得不像样子了，我担心它随时都有可能炸裂开来。

马里奥讲完维克多·雨果——他的婚姻、情事、政治问题、在拉芒什海峡一座岛屿上的流放经历——之后，出版社社长说还有几分钟提问时间。

一阵长长的沉默之后，那位刚才脸还很红、现在已经恢复些许正常面色的女士开口问道：

"这本书该怎么分类呢？它属于传记类还是散文类？图书分类是很重要的，因为这决定了它会出现在书店中的什么位置。"

在她提问的时候，我的目光一直停留在她身上，脑子里却回响着马里奥的声音："七次！七次啊！"

马里奥耐心回答了她的问题，这平复了她的情绪，她认认真真地在黄色笔记本上把马里奥的回答记录了下来。

那之后，过了一段时间，校长雪莉·蒂尔曼提名我为拉丁美洲研究项目的负责人，我接受了这份工作，而我的第一个工作计划就是邀请马里奥来和我们一起上一学期的课。他早就是普林斯顿大学的客座教授了，实际上，他在美国乃至全世界的其他许多大学都教过课，不过自从上世纪九十年代，也就是参加完秘鲁总统大选之后，他就没回普林斯顿教书了。

另外，马里奥的相关研究资料也保存在普林斯顿。学校图书馆在上世纪九十年代买下了那些资料的版权，其中包括保留了修改痕迹的小说手稿和其他许多文件资料，它们装满了整整三百六十二个档案箱，被来自世界各地的数百位研究者查阅过。

马里奥接受了我的邀请，从那时起，他作为特邀教授和我们一起度过了三个学期。其中一个学期——那是 2010 年秋天，校园里的树叶尽是鲜艳的红色，他开设了两门课程，一门讲博尔赫斯 ① 的散文，另一门讲拉丁美洲小说。

那个学期本来并没有什么不同：上课、和同事聚餐、在纽约漫步（普林斯顿大学的许多老师都住在纽约），这种生活一直持续到我被电话铃声吵醒的那个十月的某个早晨。

我迷迷糊糊地接起了电话。

"早上好。请原谅这么早来打扰您。我是普林斯顿大学诺贝

---

① 豪尔斯·路易斯·博尔赫斯（Jorge Luis Borges, 1899—1986），阿根廷作家。本书所有注释，如无特殊说明，均为译者注。

尔奖办公室的玛丽……"

我依旧没有完全清醒。诺贝尔奖办公室？我心里叨念着。我一直都不知道学校里还有这么一个办公室。

"我们需要立刻知道马里奥·巴尔加斯·略萨在哪里。"那位玛丽女士这样说道。

听到这儿，我猛地清醒了。"诺贝尔奖"和"马里奥·巴尔加斯·略萨"出现在了同一句话里。

我从床上跳了下来，快速洗了澡，换了衣服，只用了五分钟就钻进地铁，朝五十七街赶去。马里奥在那条街上租了间公寓，就在中央公园附近。

我来到马里奥的住处时，那里已经挤满了记者和看热闹的人，他们全堵在楼门前，周围还架着数不清的摄像机和麦克风。

我走进街对面的花店，准备买束花作为礼物。

"确实值得买束花，"花店女店员对我说道，"这是要庆祝什么啊？生日？婚礼？"

"诺贝尔奖。"我答道。

我抱着花在记者群中挤出一条路，然后钻进底层大厅，搭上电梯，径直到了马里奥的公寓门前。门打开后，我发现房子里聚集着另外一群人：架起的摄像机和麦克风数量更多，还有很多播报员在屋子里来回走动着。所有的电话——对讲机、固定电话、访客的手机——都在响，却没人有空把它们全部接听。

"鲁文。"我听见有人叫我的名字，就在这时，马里奥出现了，在这样混乱的环境中，他却依然保持着一贯的沉着优雅。

"你想想看，"他对我说道，"瑞典文学院的人六点不到就把电话打来了。我当时正坐在沙发上读书。是帕特莉西娅接的电话，她把电话递过来的时候脸色异常苍白。我吓了一跳，第一反应是：家里有人去世了。我接过电话，一位很有礼貌的男士说他是瑞典文学院的，还说我获得了今年的诺贝尔文学奖，五分钟后，全世界就会知道这个消息。他说如果我想联系什么人的话，最好立刻去做，因为消息一旦传播开来，我就做不成了。挂断电话后，我依旧在沙发上坐着，思考着这通电话到底意味着什么。五分钟后，就像他提醒我的那样，事情就难以收拾了。我没办法给任何人打电话了。"

"马里奥，我们准备好了，可以开始录像了。"西班牙电视台的摄影师说道。

诺贝尔奖的风吹到了普林斯顿。每天都有来自世界各地的记者拥入校园，他们就像是早已习惯了这种阵仗，自然而然地聚集在了马里奥上课的教室里。

还好，项目负责人，极具威严的波多黎各女教师露丝，从早到晚守候在马里奥身旁为他排忧解难。"巴尔加斯·略萨博士没时间。"每当有不请自来的人试图靠近办公室的时候，她就会这样喊道。

除了无穷无尽的访客之外，办公室的电话也一直响个不停，传真也在持续工作着。学校的邮差不得不搞来一辆超市推车，以运送每天寄达的大量信件和包裹。

传真和信件里写着来自世界各地的、最不可思议的要求。马里奥像孩子一样开心地阅读它们，我们经常能听到大笑声从他的办公室里传来：

"露丝，过来一下，读读这个。"马里奥说道。

那是一封传真，上面印着图片和价目表。发来传真的是秘鲁阿亚库乔一家雪糕厂的主人，他管马里奥叫"杰出的同胞"。那人给马里奥讲自己的工厂运营状况有多么好，在最近一年里，收益翻了四倍。"因此，"此君进一步说道，"我希望您能把诺贝尔奖的奖金投资到我的生意上。我保证两年内就能让那笔钱翻三倍。您帮我，我也帮您。"

"露丝，再看看这个。"马里奥又在他的办公室里喊着。

信封是牛皮纸做的，贴着印度邮票，上面只写着"马里奥·巴尔加斯·略萨，诺贝尔文学奖，美国"几个字，但是这封信却神奇地被投递到了学校办公室。来信者在装入信封的信纸上用很秀气的字体写了些东西，开头写的是"亲爱的先生"这几个字。写信人说马里奥能获得诺贝尔文学奖，一方面是因为他确实是一位优秀的作家，但同时也肯定因为他是一个慷慨的人。"所以，"那个印度人写道，"我请求您把奖金中的一部分寄给我，好让我做一次胃部手术，医生们老早就建议我做手术了，可是我没钱。"

并非所有的请求都是通过文字表达的。有一天，办公室里来了位某知名饭店的老板，他说想邀请诺贝尔文学奖获得者和其他客人一起品尝拉丁美食。他计划举办一场大型的秘鲁美食宴会活动，邀请新泽西州各界名流参加。而那次宴会最主要的嘉宾就是马里奥，"宴会只会持续三四个小时"。

"巴尔加斯·略萨博士不喜欢宴会。"露丝陪饭店老板走到门口时说道。

诺贝尔文学奖的消息公布四天之后，马里奥要用西班牙语举办一场讲座，题目是《关于文化的简短演讲》。

讲座前一天，诺贝尔奖办公室负责人玛丽女士联系我，建议我把讲座活动移到理查德森厅进行，那里是学校里举办音乐会的地方，足以容纳五百人。

"可是讲座使用的是西班牙语，"我对她说道，"而且主题很具体。我们准备在一百人的报告厅举行，我觉得肯定坐不满。普林斯顿能有多少说西班牙语的人呢？"我反问道。

"你不明白诺贝尔文学奖意味着什么，"玛丽对我说，"人们都想看看他，靠近他，碰碰他。"

于是我们听从了玛丽的建议，预约了理查德森厅。

讲座那天，入口处果然挤满了人。厅里坐满了五百人，还有至少五百人堵在大厅外。

在那篇后来被收入《娱乐的文明》一书的演讲中，马里奥批评了米歇尔·福柯及其自由理论，他把这位法国思想家的理念和如今法国公立学校中泛滥的无政府倾向联系在了一起。那些内容也可以被解读为对美国学术体系的尖锐批判，因为哪怕已经过去了这么多年，福柯的作品对于美国教师和学生而言依然是不可替代的经典。我心想，讲座后和听众的互动环节也许会充满火药味。

但是大厅里所有的听众聆听马里奥的演讲时，脸上都挂着微笑。到了听众提问环节时，人们排起了长队。

"我是从伊基托斯来的，"一位先生嘴巴紧贴着麦克风说道，"虽然我已经在美国生活了二十年，但我还是想说，您的诺贝尔文学奖对所有秘鲁人而言都是巨大的荣誉，它让我们国家扬眉吐气了一把。"

"我是利马人，在美国从事建筑业，"排在第二位的先生推开麦克风，大声喊道，"不过我闲下来的时候会写诗。堂马里奥，我想给您读上几首。"

"我哭了，"一位女士说道，"马里奥，在电视上看到诺贝尔文学奖的消息时我哭了，因为那是所有秘鲁人的骄傲，是能发生在我们身上的最美好的事情了。"

马里奥签完名，一名穿着制服、高大帅气、看上去只有二十岁左右的金发保安护送着我们离开了报告厅。外面的人太多了，他对我们说，不如走音乐家专用通道，可以直通后门。从那扇门出去，我们可以步行走到街上，车子会把我们从那里捎到饭馆，我们和小说家乔伊斯·卡罗尔·欧茨 ① 约好了在那里见面。

我们跟在保安身后走着，从后门离开建筑物时，我们仍能听到远远地从正门传来的人群的声音。突然有人喊了句"他在那儿"，紧接着，人群就拥到了我们跟前，把我们完全围住了。成百上千的秘鲁人挤满了校园，金发保安手里握着对讲机，试图帮我们开一条路出来。

这些快要把我们挤扁的秘鲁人是从哪里冒出来的呢？马里

---

① 乔伊斯·卡罗尔·欧茨（Joyce Carol Oates，1938— ），美国小说家。

奥对我说，在新泽西州有一个叫帕特森的小镇，那里是秘鲁本土之外最大的秘鲁人聚居区之一，大概有近十万秘鲁人生活在那里。

大概那十万人今天都跑到普林斯顿来了，我心里这样想道。

"马里奥，马里奥！我投过你的票！"我们费力前行时，有个秘鲁人这样喊道。

"能合影吗？我要发给我外婆。"一位女士边靠近马里奥边说着这句话，她的丈夫则举着相机跟在她旁边。

"马里奥，给我在这本书上签个名吧。请写上：献给玛丽莎。"另一位姑娘一边递着笔一边喊着。

合影和签名的请求接连不断，马里奥一边走着，一边尽量满足这些请求。我们费了好大劲儿才前进了几米。聚拢过来的人越来越多了，按照这个节奏，我们要走到街上得花好几个小时，而且得是在我们没被挤扁的情况下。

有那么一会儿，来自帕特森镇的秘鲁人把我们的路完全堵死了。几十只抓着书本或相机的手拦在我们身前，大喊着："马里奥，马里奥！"金发保安用对讲机联络，说我们被堵在半路，无法前进了。

马里奥虽然依然不停地签名并与书迷合影，不过同时也冲在了最前面，在十万帕特森镇秘鲁居民中为我们挤了条路出来。他一边向前走着，一边向两边的书迷投去问候的目光，不论如何，他毕竟在保持前行：就像在用眼神开路。金发保安落在了后面，依旧在用对讲机说着什么。

我们最终走到了街上，钻进了学校派来的汽车，司机立刻发动了车子，把帕特森镇的十万秘鲁人甩在了身后。

"你被吓到了。"马里奥对我说道。

"我以为咱们要被挤死了。"

"公众是很友好的，不过人数太多了。虽然他们没有恶意，但也可能会造成危险。这些都是我在竞选总统时学到的……"

获得诺贝尔文学奖后，马里奥依旧保持着和普林斯顿的合作关系。2014 年 7 月，普林斯顿大学授予其荣誉博士称号，一年后，他再次作为特邀教授回到了校园。这次，我们决定共同开一门关于拉丁美洲文学和政治的课程，来剖析该地区的小说和二十世纪重大历史事件的密切关系。

作为课程的一部分，我要求学生们好好利用学校里收藏的马里奥的相关文件资料。每名学生都要在上课时把自己查阅过的资料分享给其他所有同学。那些分享活动可以说是这门课里最有趣的部分之一了。每周，都会有一名同学当主讲，主讲人会连接好电脑，在投影屏幕上向我们展示他的发现。

拉腊·诺加德既是学生又是校报记者，她在马里奥的相关材料里找到了他十五岁时写的许多"离经叛道"的文章，例如利马的结核病问题或药房的贪污现象。在她展示这些文章时，马里奥听得很仔细，显得非常感兴趣。

"我都忘了自己写过那些东西了。"他说道。

其他同学选择的主题也很有意思：马里奥和他的译者之间的邮件往来、二十世纪六十年代末在波多黎各度过的日子、关于弗洛拉·特里斯坦的那本小说①的不同修改版本等。

　　一天，一位男同学在投影上放了一张照片，照片里是一张用略带稚气的字体写着什么东西的纸。

　　"这是马里奥·巴尔加斯·略萨十二岁时写的情诗。"他说道。

　　"那首诗是我写的？太丢人啦！"我们的特邀教授喊道。

　　那是一段美妙的时光，同学们不仅通过聆听马里奥的讲述学到了很多东西，而且勇敢地向他展示着与之相关的物事：某个被遗忘的细节、一段缺失的文字……这种教学模式使得参与双方都能有所收获，而马里奥既幽默又慷慨地享受着这一切。

　　我们就这样度过了那个学期：每周二下午和同学们聚在一起，听他们介绍自己的发现，讨论特鲁希略的独裁统治、古巴革命、新小说和萨特的存在主义。

　　十一月，几乎已经到了学期末，我们在马里奥结束课程、返回马德里之前组织了一次公共活动，来为那可怕的一年画上句号：年初发生了针对巴黎《沙尔利周刊》的恐怖袭击事件，而就在活动举办几天之前，11月13日，巴黎的巴塔克兰剧院又遭受了恐怖袭击。于是我们决定把最后一次活动的主题定为讨论恐怖主义如何威胁知识分子的工作，而那些正是我们教授的学生将去从事的工作，我们想用对谈的方式来分享各自的想法。

　　我们特意为那次活动邀请了菲利普·朗松，他是我的朋友，

————————
①　指略萨的《天堂在另外那个街角》，弗洛拉·特里斯坦为高更外祖母。

曾任法国《解放报》的记者，也非常了解马里奥的作品，此外他还是《沙尔利周刊》袭击事件的幸存者。菲利普从巴黎飞抵普林斯顿，这是他在经历过那次可怕事件之后的第一次远行，我们三个人一起进行了那场对谈活动。菲利普给我们提供了关于那次事件的第一手目击材料，十分详细地讲述了两名手持冲锋枪的年轻人冲进周刊编辑室的那个一月的日子里所发生的事情，后来他在医院里待了几个月，努力从伤痛中恢复过来。马里奥在评论时，把那次袭击放置到了更加宏观的恐怖主义威胁背景下，他认为智识一直都是对抗恐怖暴力的最有效手段。

那个学期过得很快：我还记得最后一堂课的场景，掌声不断，大家都觉得有些伤感，所有人都依依不舍地向马里奥道别。

和以往一样，马里奥的离去像是在普林斯顿留下了一个巨大的空白。我们十分想念他在文学和思想领域所展现出的激情、在课堂上活力四射的状态、对政治的热情和他的幽默。也就在那时，我下定决心要使用我们在那个学期的课堂上积累下的材料：数小时的录音、同学们的研究和介绍、我们的教案和笔记……来做些事情。后来这本书慢慢成形了，它是我们和同学们一起谈论文学和政治话题的见证，也是让马里奥继续出现在普林斯顿乃至全世界读者面前的一种方式。

鲁文·加略

1.
小说理论

　　小说是什么？它的作用又是什么？我们在普林斯顿的对谈从回顾最重要的小说理论开始。从社会现实主义聊到新小说，进而深入到拉丁美洲"文学爆炸"乃至二十世纪重大政治事件对文学的影响。

鲁文·加略（下文简称"鲁文"）：作为这次对谈的开始，我想先回顾一下小说的发展历程。小说这一文体在文艺复兴时期出现，在十八世纪获得发展，并在十九世纪达到高潮，出现了诸如陀思妥耶夫斯基、托尔斯泰、巴尔扎克、狄更斯和佩雷斯·加尔多斯[①]等重量级小说家。伊恩·瓦特[②]等文学史家认为，小说是一种资产阶级文体，不仅因为它是在资产阶级内部诞生的，也因为它所讲述的冒险故事的主人公都是属于那个阶级的。你同意这种看法吗？

马里奥·巴尔加斯·略萨（下文简称"略萨"）：小说是一种很复杂的文体，可以细化出很多不同的类型出来，所以我认为那种看法过于片面了。我更倾向于认为小说是随着人类生活重心由农村向城市转移而出现的。比起资产阶级，小说的诞生和城市的关系更大。乡村世界成就了诗歌，但叙事文学的发展是依赖于城市的。全世界都是如此。小说描绘的基本上是一种城市经验，哪怕田园牧歌小说之中也蕴含着对城市的展望。随着人类生活的重心转移到城市，小说这种文体也就取得了巨大的发展。虽然它不是随着城市的出现而诞生的，但城市的发展造就了叙事文学的繁荣，使得它被更广泛地接受了。

在那之前，在文学领域里，小说一直被视作次等文体。最

---

① 佩雷斯·加尔多斯（Benito Pérez Galdós，1843—1920），西班牙 19 世纪杰出的现实主义小说家。

② 伊恩·瓦特（Ian Watt，1917—1999），斯坦福大学教授，著名文学评论家、文学史家。

受人青睐的自然是诗歌这一极佳的创造性文体。后来，到了十九世纪末，戏剧又占了上风：剧作的上演会给作者带来极大的声望。巴尔扎克就是个很好的例子，他是因为自己写的剧不成功才转而写小说的。现在我们把巴尔扎克看作文学史上最伟大的小说家之一，可他本人一直因为戏剧上的失败而承受着巨大的挫败感。那时候戏剧才是最有分量的，人们认为戏剧是作家智慧的最高体现，文艺复兴时期的莎士比亚也是个很好的例子。

相反，小说的受众面比诗歌和古典戏剧要广得多，也因此被视为大众文体，或者说是写给没什么文化的人看的。事实上，在中世纪，最早的小说被写出来之后是要拿到大街上或是路口处去念的，这样，不识字的人就能接触到它们了。通常是由行吟诗人和杂耍艺人来朗读小说，他们用骑士故事来娱乐大众。小说作为次等文体的命运，直到十九世纪末才有所改变，人们在那时才逐渐承认它的价值和重要性。为小说发展做出极大贡献的关键作家之一就是维克多·雨果，他早就是伟大的诗人和剧作家了，可是突然之间，他决定要写小说了。《悲惨世界》对小说的地位提升有着重要的推动作用。

我认为小说和城市文化的联系远比它和资产阶级的联系更紧密。"资产阶级"这个概念的局限性太大，而小说从起源阶段就有更广泛的受众基础。资产阶级还处于萌芽阶段时，大批公众就开始接触小说了，当然其中很多人没有阅读的能力，但他们会听流浪艺人给他们讲小说中的故事。

萨特和"新小说"

鲁文：你是从五十年代开始文学生涯的，那时有许多小说创作模式：一边是罗伯-格里耶 ① 的"新小说"理论，也就是所谓的"nouveau roman"，他提议打破现实主义模式的束缚，用实验性的全新方式来写小说。另一边则是萨特的存在主义文学，他强调叙事文学的政治性。你从很年轻时起就认同萨特，并不遵循罗伯-格里耶及其追随者所倡议的文学模式。那场小说创作模式的论战是如何传到秘鲁的？你为什么选择萨特模式？

略萨：两次世界大战期间，出现了一种和政治联系紧密的文学形式：整个欧洲的文学都有巨大的政治化倾向，受此影响，文学与社会问题捆绑在一起了。在罗伯-格里耶的"新小说"出现之前，有这样两股潮流：首先是社会现实主义，它认为文学是对抗社会旧秩序的武器，是要被用来引发变革的工具，是连接革命的纽带。马克思主义者和共产主义者是这一思想的拥趸：这种现实主义文学要从政治上教化大众，把他们推向社会主义和革命行动。与之对应，那时还出现了另一股潮流，领军人物就是萨特以及如加缪等其他许多大作家，他们认为："没错，但文学不应该是教化性的，文学不应该成为政治宣传的工具，因为那样会扼杀作家的创造性，文学不能只单纯涉及政治，它应

---

① 罗伯-格里耶（Robbe-Grillet，1922—2008），法国作家，"新小说"流派的创始人，电影大师。

该囊括其他形式的人类经验。"萨特的那篇论文 ① 就是在这一背景下出现的,并在全世界范围内引发了巨大的反响,从欧洲到拉丁美洲都是如此。尤其我们那一代人,受到萨特关于小说的看法的影响很大。

当我阅读《境况种种》的第二卷,或者叫《什么是文学?》的时候,我被萨特的思想深深地吸引了。对于我这样一个出生在秘鲁这种欠发达国家的文学青年而言,萨特的思想实在是太震撼了。当时的第三世界、拉丁美洲、秘鲁的许多作家都在不停地问自己:在他们的国家里——受困于诸多严重的社会问题,譬如文盲率高、贫富差距大等——做文学是不是还有意义? 在那篇论文里,萨特给出了他的答案:"做文学当然是有意义的,因为文学除了能制造快乐、激发想象力和刺激感官之外,还可以让读者乃至于全体大众对社会问题有更清楚的认识。"

虚构故事借助的并非仅是理智,还有感觉、情绪、直觉和激情,它比纯粹剖析贫穷、剥削、边缘化和社会不公的文章更生动,因此当读者通过虚构故事了解社会问题时,会引发他们更大的共鸣。小说里揭示的社会问题,例如某个特定阶层的人物永远无法接受教育或是摆脱贫穷命运,会自然而然地在读者身上产生影响,压根没有必要把文学当作宣传工具,更不必当成政治教化工具。萨特的许多论文都十分鼓舞人心:我们觉得他说得没错,在一个欠发达国家写小说也是有意义的,因为写小说不只是把文学志向具象化,同时也是在社会斗争中做出贡

---

① 指《什么是文学?》(*Qu'est-ce que la littérature?*),下文有提及。

献，从道德的标准来看，写小说就等于是在用善对抗恶。

　　萨特的文章在全世界都很有影响。它们要比社会现实主义更加敏锐，受众面也更广。那些文章使得文学不再仅属于那些政治性强的作家，把那些因直觉而将社会问题以创造性的方式展现在小说中的作家们容纳了进去。

　　后来，"新小说"在五十年代末出现了，它是对社会层面上的介入性艺术的强有力的回应。罗伯-格里耶这样说道："不对，小说在政治上不应该教化任何人；从本质上看小说就应该是艺术品。"这位作家认为，"社会文学"的文学性在日益降低，政治性却在不断增强，他在许多生动的声明里面都提到了类似的观点，实际上，那些文章要比他的小说有趣得多，我认为他的小说着实有些无聊。《为了一种新小说》和他的小说作品完全不同，前者写得非常精彩，他在书里嘲讽了那些写社会小说的作家。罗伯-格里耶提倡一种实验性艺术，认为要在叙事结构和叙事视角上下功夫，另外还要极度注意语言风格，要拓展语言的可能性，创作出那些朦胧模糊的东西出来。从这个意义上来看，罗伯-格里耶最成功的小说应该是《嫉妒》(*La jalousie*)：小说里有叙述者，然而我们根本无法搞清楚到底发生了什么。某人盯着一位闲逛的女人，读者在某个时刻唯一能察觉到的就是在那持续的变态偷窥背后隐藏着某种嫉妒。我们不知道叙事者究竟是谁，只知道故事是在变态的观察视角中进行的，这个叙事者从来没有开口说话，只是不断移动、尾随着那个女人。这种写法是一种迷人的实验，打破了小说最根深蒂固的传统。伟大的小说总是试图涵盖现实和经验的方方面面：某部小说之所以伟大不仅是因为它的文学性强，也因为它能讲述很多事件，能够描写出社会大众中的某个个体的诸多经验。

娜塔丽·萨洛特[1]和罗伯-格里耶同属"新小说派"。她出版过一本叫作《向性》(*Tropismes*)的小书，书中的人物就像花朵一样，随着太阳的运动而行动，不断地追逐光亮和湿润。那些人物不像是有血有肉的人类，而像是些原始的、物化的生物，如植物般生长和运动。在他们身上压根看不到理智的踪影：只是单纯的移动、气味和味道。这些实验性小说和社会政治问题毫不沾边，认为文学归根到底是艺术，这种用文字构建的艺术品应该提供的是美学享受，不应该牵扯文学之外的问题。当时的"新小说派"引起了很大反响，不过它的结局很糟糕。我认为现在大部分"新小说派"的作家都没什么读者了。现在读罗伯-格里耶、娜塔丽·萨洛特和克劳德·西蒙[2]的人已经很少了，不过从实验性的角度看，那批作家确实推动了小说的发展。当时针对"新小说派"的争论有很多，可后来它也变成了一个政治化的话题。

经受时间考验的小说

鲁文：在你看来，萨特和"新小说派"作家的小说都没有

---

[1] 娜塔丽·萨洛特 (Nathalie Sarraute，1900—1999)，法国当代著名"新小说派"作家及理论家。

[2] 克劳德·西蒙 (Claude Simon，1913—2005)，法国小说家，1985 年获诺贝尔文学奖。

经受住时间的考验：如今他们的小说都没什么读者了。能跟我们谈谈小说和时间的关系吗？为什么萨特的小说在二十世纪六十年代那么引人瞩目，可现在几乎已经被遗忘了？

略萨： 书籍的地位是随着时间的推移而改变的。日常生活习惯的改变使得人们阅读时的视角也有了变化，这种变化有时甚至是很彻底的。有的书在其出版的时代让人看着好笑，不过后来就不再如此了，《堂吉诃德》就是个例子，以前的人把它看作是逗乐的小说，可如今我们认为它是经典巨著，是严肃文学作品。当然幽默性还是存在的，可如今我们在《堂吉诃德》中读出了更多重要的见证性元素：历史学的、社会学的、人类学的，也通过它更好地了解了那个时代的文化。这些都是现代读者阅读《堂吉诃德》时最大的感受，它们要比幽默性的影响力更大。

那么问题来了：如果说一本书具有了世界性影响力，是不是就意味着它丢掉了独特性？或者说，它的本土性、它能够体现某个地区特点（例如习俗、景色、性情）的色彩就减弱了呢？我认为伟大的作品在时间的长河中会失去一些独特性，但同时，它的身上也会增加某些东西：这也就是为什么有的书能够在出版几个世纪后依然被广泛阅读。这类书籍总是能够展现出比本土特色（风景、民俗等）更多的东西，或者说具有人类共性的某些特点，所以来自不同文化圈的人都可以欣赏它们。福克纳、维克多·雨果、陀思妥耶夫斯基或是托尔斯泰的作品都是如此。他们的作品具有截然不同的文化背景，书写的时代也不尽相同，可是现在的读者依然能够在书中人物的身上看到自己的影子，因为虽然可能着装不同、习惯不同，可是我们这些读者依然可以轻松地理解那些人物的生活经验。事实上，通过阅读那些小说，我们可以更好地理解自己所处的现实生活。

所以，随着时代变迁，小说失去的是什么呢？它失去的是实证性、民俗性和本土色彩。可如果它是一本伟大的小说，讲述的是属于不同群体、不同文化的人所共有的人类经验的话，时间赋予它的就将是世界性。

困难的是，我们没办法第一时间看出某本书是不是能够经受得住时间的考验。有的作家写的东西很合他同时代读者的心意，使他认为自己的作品必将百世流芳，但实际上这很难讲。一部作品有怎样的价值、是否能够永远流传下去，这些都没人说得准。这也取决于未来的社会模式。有的作家在他所处的时代默默无名，可是在后世却可能有着巨大的影响力，卡夫卡就是一例，可能那些作家所描写的问题在同时代读者看来缺乏现实基础，可突然之间就会在另一个时代的读者中间产生共鸣。卡夫卡笔下的世界充满恐惧、不安、惊悚和恐怖，他去世二十或三十年后，欧洲终于变成了他笔下世界的那副样子，尤其是中欧和东欧。

文学就像是有生命的，它能够根据周围的生存环境来改变自己。有些被长期漠视的书会突然之间焕发生机，就是因为它们过于超前了。它们描写的是未来读者的生活经验，因此只有在历史、经济和文化状况产生某些改变之后，它们的价值才会体现出来。可如果一部文学作品不具有世界性，不能被其他文化或者其他时代的读者阅读，那么它充其量只能被算作它被创作出来的那个时代的人类学或社会学档案。

"文学爆炸"

鲁文：我们找到了一个例子，那就是"文学爆炸"时期的许多小说，它们经受住了时间烈火的检验。《酒吧长谈》《百年孤独》《跳房子》在出版半个多世纪后的今天依然拥有大批读者。为什么"文学爆炸"时期的这些小说会拥有这么强大的生命力呢？

略萨：也许是因为我那一代的拉美作家抛弃了地域性视野，转向了世界性视野。实际上"文学爆炸"的作家们都居住在海外。卡彭铁尔[①]一生中的大部分时间都在巴黎度过，后来移居委内瑞拉，都离古巴很远。卡洛斯·富恩特斯[②]虽说住在墨西哥，但是在伦敦也有房产，他会说多门语言，经常出国旅行。科塔萨尔[③]1951年就离开阿根廷了，此后一直定居法国。博尔赫斯可能是个例外：他年轻时在瑞士住了许多年，但是后来几乎一直都住在布宜诺斯艾利斯，不过很多人说他是个背离国家现实

---

① 阿莱霍·卡彭铁尔（Alejo Carpentier，1904—1980），古巴作家。
② 卡洛斯·富恩特斯（Carlos Fuentes，1928—2012），墨西哥作家，"文学爆炸"四位主将之一。
③ 胡里奥·科塔萨尔（Julio Cortázar，1914—1984），阿根廷作家，"文学爆炸"四位主将之一。

的世界性作家。奥内蒂 [①] 住在布宜诺斯艾利斯，也不在乌拉圭生活。巴拉圭作家罗亚·巴斯托斯 [②] 流亡到了阿根廷和欧洲。多诺索 [③] 在美国，就在普林斯顿大学学习，后来定居欧洲。不过也有几个例外，数量不多，譬如鲁尔福 [④]，他几乎从来没离开过墨西哥。

　　我们这一代作家其实差异很大，不过在国外生活的经历使得大家都具有世界性的视野。他们读不同语种、不同流派作家的作品，开拓了文学眼界。从那以后，拉丁美洲文学的地域局限性就越来越小了。

"文学爆炸"与古巴革命

　　鲁文：古巴革命对于"文学爆炸"作家群而言就像是一针兴奋剂，不管是革命的支持者还是批评者都是如此。在拉丁美洲从来没有出现过文学和政治的关系如此密切的时刻。古巴革命在你的思想和作品中留下的影响是什么？

　　略萨：我最早接触到共产主义是在 1953 年，我当时加入了秘鲁共产党，当时它是一个规模很小的党派，甚至都算不上是一个政党，因为政府已经利用镇压、驱逐和囚禁等手段几乎把

---

① 胡安·卡洛斯·奥内蒂（Juan Carlos Onetti, 1909—1994），乌拉圭作家。
② 奥古斯托·罗亚·巴斯托斯（Augusto Roa Bastos, 1917—2005），巴拉圭作家。
③ 何塞·多诺索（José Donoso, 1924—1996），智利作家，拉丁美洲"文学爆炸"代表作家之一。
④ 胡安·鲁尔福（Juan Rulfo, 1917—1986），墨西哥作家。

它摧毁了。大部分共产党员都流亡到了国外。我上大学之后加入过共产党一年，具体说是加入了卡魏德组织，这一组织的目标是重建秘鲁共产党。我们人数很少，但都很狂热，也很教条化，完全信奉斯大林主义。

那一整年，我都在党支部里讨论文学和政治的关系。那时的我已经是萨特的狂热读者了，我认同他的一切观点，无论是政治上的还是美学上的。萨特和共产党走得很近，不过和他们又有不同：例如，他接受历史唯物主义，却不接受辩证唯物主义。我和支部内的其他同志进行过多次争论，其实那很荒唐，因为我们的人数本来就很少，却为了某种学说争得面红耳赤。我对党内盛行的教条主义持严厉批判的态度，所以一年之后我就退出了，不过我依旧是个左派。

在那第一次的失望之后，又过了好些年，古巴革命的胜利、它所体现出的战斗精神又重新点燃了我的热情。我在秘鲁结识了几个古巴流亡者，他们和菲德尔·卡斯特罗一起搞过"七·二六运动"①，为了躲避巴蒂斯塔独裁政府的迫害，只能逃离古巴。其中一人和我一起在电台工作，我记得他给我看过许多五十年代在他的国家正在发生的事情的相关资料。古巴革命胜利时，我已经在欧洲定居了，可是在拉丁美洲燃起的新希望也传播到了欧洲。我们当时相信古巴革命不会变得教条主义化或是让人难以忍受，它将会是开放性的，允许异见和自由的

---

① 1953 年 7 月 26 日，在菲德尔·卡斯特罗领导下发动了一场反巴蒂斯塔独裁统治的武装起义，起义虽然失败，却揭开了古巴人民反独裁专制、武装夺取政权的革命序幕。

存在。

　　古巴革命在世界范围内都产生了巨大的影响。它不循规蹈矩，看上去很不一样，可能因为它不是从共产党中诞生的，而是产生自"七·二六运动"。一群非共产党员的反帝国主义年轻人能够推翻一个军事独裁政权，这可真是个新鲜事儿，更何况这就发生在美国的家门口。另外，菲德尔·卡斯特罗身上还散发着浪漫的英雄主义气息，尤其是他在马埃斯特腊山区进行的艰苦斗争更是如此，所有这些都吸引着我们这些拉丁美洲人。后来拉丁美洲的许多国家都试图复制古巴革命模式，可是大概除了尼加拉瓜之外全部都失败了。

　　最初几年，几乎所有拉丁美洲知识分子都团结在革命政府周围，例外的情况不是没有，但很少：例如在阿根廷，以《南方》杂志的创始人兼主编维多利亚·奥坎波[1]为首的一群作家就从来不在支持古巴的宣言上签字。埃克托·穆莱纳[2]，那个时代很有影响力的散文家，也是阿根廷人，同样对革命政府持批评态度。当然了，博尔赫斯也一直对古巴发生的事不感兴趣。不过除了这些人之外，几乎所有的左翼、中立和支持民主的拉丁美洲作家都支持古巴革命，虽说这些人并非认可革命政府的一切政策，但大家都认为应该捍卫它。古巴革命对拉丁美洲而言意味着一个新的选项，因为它不是一次共产主义革命，而是发起"七·二六运动"的那批年轻人领导的革命运动，看上去是民主进步人士，他们有着强烈的改革意愿，但归根结底是支持

---

① 维多利亚·奥坎波（Victoria Ocampo，1890—1979），阿根廷女作家。
② 埃克托·穆莱纳（Héctor Murena，1923—1975），哥伦比亚作家。

民主的。

另外，古巴革命还在拉丁美洲激发了广泛的兴趣，甚至包括之前从不涉足政治领域的作家。科塔萨尔就是其中之一，他是怀着极度失望的心情离开阿根廷的，他和自己的祖国决裂了，然后在法国开始了新生活。古巴革命的胜利和拉丁美洲文学从六十年代起取得的巨大成功是同步的，原本从无交集甚至互不相识的拉美作家之间开始产生某些交集了。忽然之间，大家开始亲近了，有了同志情谊，我们这些从自己国家流亡（或者说自愿流亡，我和科塔萨尔都属于此类）出来的人也互相交上了朋友。

最典型的例子是科塔萨尔：他那时就像是重新发现了拉丁美洲。在那之前，科塔萨尔压根就不想回阿根廷：他在意大利和法国都住过，完全融入了欧洲社会，那里有他喜欢的文学和音乐，例如爵士乐。我认识他的时候，他不仅对政治不感兴趣，甚至还有些轻视：他不喜欢也不接受谈论政治话题。我记得我本来想把胡安·戈伊蒂索洛[1]介绍给他，因为胡安当时就住在巴黎，可是科塔萨尔对我说："我不想认识他，因为他对我而言太政治化了。"他的生活安排完全是根据自己喜欢的事情制定的，即文学、音乐和绘画。可是忽然之间，他接受邀请，开始了古巴之旅，从那时起他整个人都变了。他是我所见过的前后变化最大的一个人。他对拉美地区和政治话题产生了强烈的兴趣，变成了一个富于战斗精神的革命者。拉丁美洲成为了他

---

[1] 胡安·戈伊蒂索洛（Juan Goytisolo，1931—2017），西班牙当代作家和思想家，因反对佛朗哥统治而一度流亡巴黎。

人生中最为关注的核心问题，他甚至开始在拉美国家之间旅行。他是在六十年代才开始接触政治的，也就是说，在一个很多人都丢掉了斗争精神的年纪，他却刚刚发现了它。在那之前，他创造了一个完全私人化的世界，是只属于他个人的，而且他这个人的警戒心很强，因此很少有人能够进入到他的世界里。然而他变了，他开始走出自己的小世界，说是走街串巷也不为过。他想重新焕发青春，开始关注年轻人的兴趣点，适应年轻人的态度和行事方式。几乎就在发现革命的同时，他也发现了情爱元素。

六十年代初的那几年里，我曾多次访问古巴。第一次是在 1962 年，我看到所有的古巴人都行动了起来，来对抗美国的侵略威胁，这让我感到十分震撼：那就像是大卫和歌利亚之间的战斗。那种激情在我心中保持了很久，直到后来我逐渐发现了那种现实的阴暗面。我第一次和古巴革命政府产生分歧，是因为我得知了 UMAP（las Unidades Militares de Ayuda a la Producción）劳改营的存在，那些分布在各个省的劳改营里关押着同性恋、普通犯人和政治犯。我很恐惧，不过我还是想着：和革命政府带给古巴人民的好处相比，这些算不上什么大事，毕竟革命政府把军营变成了学校，扫盲队甚至远赴山区教给农民读书写字。革命政府一直都保持着慷慨和积极的形象，它给古巴带来了翻天覆地的变化，所以那些有些过分的举动也是可以被原谅的。

可我对古巴革命的热情还是逐渐冷却了，我对它的批评却越来越多了。那时在古巴发生了许多我们不愿意看到的事情。其中之一就是在《革命报》的文化副刊《革命周一》上发生的事情，从 1959 年起，它的主编就一直是吉列尔莫·卡夫雷拉·因凡特 ①。《革命周一》是一本水平很高的文学刊物，它提倡进行文学实验，想要配合政治革命来发动一场文化领域的革命，然而类似的变革无论是在苏联还是其他欧洲社会主义国家都是被严格禁止的。

1962 年，我第一次访问古巴时，《革命周一》已经被封杀了。事情再明显不过了：查封的原因就是那本刊物太自由了，在文化领域的行动过于自由化了。我们后来才慢慢意识到所有的报刊和杂志都是属于国家的，如果政府要统一媒体信息，那么媒体除了宣传作用之外再也不会有其他用处了。可是在当时，我们很难意识到自己就处在那种控制的开始阶段，我们当时只想着要支持革命，要让革命政府存在下去。

我对古巴革命的热情最终消失，还是因为帕迪亚事件 ②，那次事件造成了我那一代知识分子的分裂，也促使我最终和古巴革命政府彻底决裂了。一边是仍然支持古巴政府的知识分子，那些人占大多数。另一边则是我们这一小撮对古巴革命政府持批评态度的作家。我们这些人都被泼了脏水：他们发布了许多针对我们的通告，甚至有时候我们还会受到人身威胁。我记得有一次在哥伦比亚的马尼萨莱斯举办戏剧节活动，时间刚好就

① 吉列尔莫·卡夫雷拉·因凡特（Guillermo Gabrera Infante，1929—2005），古巴作家，代表作有《三只悲伤的老虎》等。

② 埃贝托·帕迪亚（Heberto Padilla，1932—2000），古巴诗人，1971 年因诗集有攻击革命的嫌疑而被捕入狱，这一事件造成了拉美知识分子的分裂，间接造成了"文学爆炸"的终结。

在帕迪亚事件发生后不久。活动是在一所大学里举行的，我登上主席台后，除了台下爆发出刺耳的嘘声，还有一个男人径直走向我对我说："你今天是别想活着离开这儿了。要是你同意的话，我可以把你老婆从观众席带走，因为他们今天会在这里把你杀掉。"真是太可怕了。我们所有坐在主席台上的人都被指责为帝国主义者和叛徒，尽管实际上有些人压根和这些沾不上边。例如，我们中间有一位西班牙戏剧评论家，他当过兵，是共产党员，坚定地支持古巴革命，可就因为他坐在了主席台上，也一起被无端地辱骂了。

情况不断恶化，我们生活在危险的环境中。那个时期是很艰难的，因为支持古巴的作家、知识分子和艺术家占了大多数，我们之间不能见面，或者只能像中情局特工那样偷偷会面。

关于翻译

鲁文：现在我希望咱们来聊聊你的小说的另外一种形式：翻译。我知道你经常会和你的作品的那几位有名的英语翻译（例如格雷戈里·拉巴萨和艾迪斯·格罗斯曼）一起探讨翻译细节，在你和他们接触的过程中也有过针对某个翻译问题的不同译法的争论。我们普林斯顿大学的珍妮弗·薛就正在研究你和拉巴萨针对"乔洛"（cholo）这个词的翻译而产生的分歧。珍妮弗，能给我们讲讲这方面的情况吗？

珍妮弗·薛（下文简称"珍妮弗"）：在普林斯顿大学保存

的档案里有一封日期为 1972 年 2 月 28 日的信件，拉巴萨就他在英文版《酒吧长谈》中如何翻译"乔洛"这个词做出了解释，他是这样写的："'乔洛'这个词不好翻译，我倾向于在不同场景采取不同的翻译方式，有时候它强调的是'混血种人'（half-breed）这个本意，有时候则侧重它在社会层面上的含义，也就是'农民'（peasant）。在某些场景中，甚至这两层含义都有所体现，要是想加强语气，就要翻译成'混血农民'或者'农村混血人'。"

这个例子让我觉得很有意思，因为在英语里，无论是 half-breed 还是 peasant 都无法完全体现出西班牙语读者对 cholo 这个词的理解。

略萨：Peasant 这个词我觉得不是一个好的解决方案，因为 cholo 并不是"农民"的意思。这个词的含义很大程度上取决于说话人是谁、听话人是谁以及使用这个词的场合是怎样的。cholo 可以是个让人感觉很亲切的词语。举个例子，我妈妈就经常把我叫作"乔利托"，因为我们可以把自己喜爱的人称作"乔利塔"（cholita）或"乔利托"（cholito）。如今，要是一个白人用了这个词，可能就带有侮辱的意味在里面了，他可能是在提醒某人非白种人的身份。cholo 这个词的本意是"欧洲人和印第安人的混血种人"，不过后来词意就多起来了。一种常见的带种族主义性质的脏话就是"狗屎乔洛人"，其实这句话的潜台词就是："你不是白种人，你是印第安人，或者连印第安人都算不上。"然而要是说"乔利托""我漂亮的乔利托"或是"我漂亮的乔利塔"，这时候这个词的意思就刚好相反，表示亲切和喜爱。

另外，这个词还可以形容人的身份的变化。在我童年时期的秘鲁，金钱可以把人"漂白"，而贫穷则会使人"乔洛化"。一个生活艰难的白人会变成"乔洛"，因为这个词总是和社会底层联系在一起。一个有钱人就不会被看作"乔洛"，除非他遇上了比他更有钱的人。种族主义是变化莫测、极度复杂的。所以如何解读 cholo 这个词，必须得看它的使用方式和出现的背景。所以说这个词确实很难翻译。它在英语里对应的译文不是单一的，需要使用许多不同的词汇来翻译它。

珍妮弗： 我留意到《玛伊塔的故事》[①] 的英译本书名也产生过争议。

略萨： 没错。我当时和编辑以及译者阿尔弗雷德·麦克阿当就英译本的书名讨论过许多次。他们不喜欢把书名直译作《玛伊塔的故事》(*The Story of Mayta*)，所以他们把它改成了《阿历杭德罗·玛伊塔的真实人生》(*The Real Life of Alejandro Mayta*)。我一直对这一改动持负面态度。我认为它并不准确，而且考虑到原文的话，英译本的书名其实造成了某种混乱。

我之所以说英译本书名不准确，是因为那本小说并不想讲述什么"真实人生"。小说的主人公是一位小说家，他想写一本

---

① 这部小说的西班牙语原版书名为 *Historia de Mayta*，意为《玛伊塔的故事》，现有中译本译为《狂人玛伊塔》。本书译者按照原文的中性书名直译。

关于玛伊塔人生的书，可是他最后发现自己写出来的东西不像是玛伊塔的真实经历，更像是一本虚构的纪事文学作品。他必须虚构许多东西出来，用他的想象来填补所有的空白，规整所有在现实中找到的资料。所以最后他笔下的玛伊塔的人生，与其说是对事实的记录，不如说是虚构的文学。换句话说，完全不是"真实人生"，而是与之相反的东西。所以如果把书名换成《阿历杭德罗·玛伊塔的虚构人生》（*The Invented Life of Alejandro Mayta*）可能会更合适。但是他们没听我的建议，最后还是坚持采用了那个我一直很不喜欢的译名。

珍妮弗：麦克阿当针对那次事件做出过解释，他说英译本的书名里带有某种讽刺性，因为小说本身就是对真实这一概念的解构。

略萨：那是在亡羊补牢，可是读者第一眼看到书名时，肯定会认为自己要读到的是阿历杭德罗·玛伊塔的真实人生。在阅读的过程中，他们可能会发现讽刺的意味，可要说一看书名就知道那是种讽刺，是不可能的。

鲁文：在《谁是杀人犯？》[①] 这本书上也出现了一个有趣的翻译问题。小说的第一个单词是"jijunagrandísimas"，麦克阿当把它翻译成了"婊子养的"（son of bitches）。除了改变了词义，还

---

① 巴尔加斯·略萨的另一部小说，原文书名为 *Quién mató a Palomino Molero?*，直译为《谁杀死了帕洛米诺·莫雷罗？》，中文版译为《谁是杀人犯？》。

丢掉了原文中的委婉法和词尾省略等文字游戏。

略萨：是的：那个词的土味儿被丢掉了。另外，那个词所带有的感情色彩是很强烈的。在那句话里，"jijunagrandísimas"这个词不特指任何人，它相当于："我的上帝啊！太可怕了！"只是单纯地表示眼前发生的一切给人物带来的震惊和不快。

鲁文：你会经常参与到对你本人作品的翻译工作中吗？

略萨：这取决于译者。如果译者希望我参与，我就会很高兴地参与进去。但我一直希望给予译者最大程度的自由。我从来就不相信哪个译本可以做到绝对忠实于原文。我觉得更重要的是译者能够用他自己的语言来重写我的作品，他们能在翻译的过程中享有某种自由，而翻译出的作品不应该被当作译作来读，而应该把它们也看成原创作品。译者懂得如何用他的语言来写作，这一点非常重要，因为如果他只是能很好地理解原文作品，但是自己的写作功底很差的话，是绝对不会奉献出精彩的翻译的。相反，哪怕译者对原文的理解有些许偏差，甚至在某些地方会有错译，但只要他的母语写作水平高，那么他的译文就不会差到哪里去。不同的语言有不同的美感，重要的是译文不能给人以生硬的感觉。有的书，读者拿起来瞅上几眼就知道那是一本翻译作品，没有比这更糟糕的事情了：那种语言很刺耳，很假，让读者觉得现实生活中的人是绝对不会像书中人那样讲话的。因此，伟大的译者一定是拥有足够自由的译者。

博尔赫斯就是一个很有趣的例子，他以极度自由的方式翻译了许多精彩的德语和英语文学作品。埃弗拉因·克里斯塔尔（Efraín Kristal）在他的著作《隐形的工作：博尔赫斯与翻译》中对此有深入的研究。在翻译过程中，博尔赫斯做了许多原作者压根不会同意的改动：如果某个故事的结局他不喜欢，他就会把结局改掉。有时候他会把某些句子全部换掉：如果原文他读着不顺，他就做出修改。所以博尔赫斯的翻译是很有创造性的，但是用严格的标准来判断的话，可能那些压根就不能算作翻译。他的译著都是用完美的西班牙语写的，是属于博尔赫斯的语言。读者在阅读的时候会认为那些文字都是博尔赫斯写出的，而不是那些作品的原作者写出的。

博尔赫斯翻译的《野棕榈》即是如此。福克纳写作时，本就采用了一种极为特殊的语言风格，除了长句和难句之外，还赋予了文字以音乐性。博尔赫斯的译本很精彩，可是读起来始终会让你觉得这本书是博尔赫斯写的，而不是福克纳写的。博尔赫斯把福克纳的长句都按照自己的喜好裁开了、缩短了。福克纳行文中的深邃性不见了，取而代之的是一种透明感和清澈感，那是属于博尔赫斯的风格。博尔赫斯做翻译时的自由程度远远超过了可以容忍的限度，可那并没有阻碍他的译作有时候比原作更加精彩。当然这是一个比较极端的例子。

不过也有一些很忠实的译者，他们不希望在自己的工作中加入创造性，不想让译文和原文有太大不同。我们再举托尔斯泰的《战争与和平》为例。这本巨著至少有三种西班牙语译本，它们之间有很大的不同。可不管译者多么努力地想要忠实于原文，最后都不得不添加上属于他们自己的东西，有时甚至会通篇重构作品。翻译工作最基本的就是译者的原创性，他们需要自由地选择在他们自己的语言中用怎样的表达去对应原文。

因此，如果译者不想让我参与到对我自己作品的翻译工作中，那么我就不参与。几乎所有的译者都会给我发来他们不理解的词汇和短语的罗列单，几乎都是些土话和秘鲁用语。我都会回复他们，给他们做出解释。不过如果他们不提出来，那么我就不去干扰他们。有的作家喜欢让自己在译者面前显得高高在上，可我认为那需要你对所有知识都掌握得很好才行，不仅是要掌握那门外语，还要掌握语言背后隐藏的种种特性，这才是创作文学作品时要用到的东西。

2.

报刊媒体与文学

　　报刊媒体是马里奥·巴尔加斯·略萨作品的核心主题之一，从《酒吧长谈》到《水中鱼》皆是如此。从十五岁时在《纪事报》工作到如今定期给《国家报》撰稿，作家本人有着贯穿一生的与报刊媒体打交道的经验，这些经验的文学化版本经常出现在其不同的作品中。此外，叙事文学和报刊文章的关系也是巴尔加斯·略萨文论作品中经常讨论的主题之一。

鲁文：报刊媒体是你作品中的主要主题之一，在你的多部小说中都有为报刊、电台或其他媒体工作的角色。在《酒吧长谈》中，《纪事报》编辑部就是故事的核心场景之一：那是一个压抑的世界，怀揣文学梦想的年轻人在那里最终会被贫穷和酒精吞没。和你笔下的那些人物不同，你一直在为报刊媒体撰稿，这项工作从你十五岁起就开始了，至今你在《国家报》上还有专栏。能给我们讲讲报刊媒体在你的文学生涯中的作用吗？

略萨：我想先谈谈虚构文学和报刊文章之间的区别。很多报刊文章会用文学技巧来描写某些事件。在美国，诞生了所谓的"新新闻主义"，尽管其中蕴含了很深入的现实调查，可那种文体还是更接近文学作品，这是由它的写作及组织材料的方式决定的。除此之外，它还借鉴了许多虚构文学创作的技巧，例如叙事时间方面的中断和重组，进而创造某种期望、好奇以及戏剧性。

但即使在这些例子里，二者之间仍有根本性的差别，因为报刊文章不能逾越事件的真实性，它应当寻觅那种真实性，然后用尽可能有趣且吸引人的方式把它展现出来。不过这一切都是建立在如实反映现实的基础上的，事情是怎么发生的就是怎么发生的，一个人是怎样的就该是怎样的。而这些在虚构文学作品中都不是必须的。作家在创作虚构文学作品时，能够自由地逾越现实，深入地改变现实，而报刊文章则不行。越是能够如实反映现实的报刊文章，越是能够得到认可。在文字之外隐藏着对真相的探索，这决定了报刊文章的成败。虚构文学作品则相反，它的成败取决于自己，而非符合现实的程度是深是浅。一本小说可以完全跨越现实，反映另一个维度的事情，它是靠作家的文字与想象力搭建起来的，必须自己支撑自己。事实上，文学一直有一种附加属性，它不存在于现实之中，而只存在于虚构故事的文学性里。

对我而言，新闻行业一直占据着极其重要的地位，因为它帮助我发现了我的祖国的现实。在秘鲁，就像在其他许多第三世界国家一样，社会结构决定了身处某一阶层的人对其他阶层的情况知之甚少。我童年和青少年时期生活的秘鲁是很闭塞的：我属于中产阶级，在城市里生活，受的是西方教育，讲西班牙语，一言以蔽之：我是白种人。所以我压根就对秘鲁其他阶层的人没有概念。

我上中学时就进入了新闻行业，那是在中学五年级和六年级之间的假期，也就是中学阶段的最后两年。我那时十五岁，作为撰稿人在报社打工，他们让我报道城里发生的各类事件，那些东西我之前接触得很少。我从没去过位于城市边缘的贫民区，那里经常发生严重的暴力事件。我在刑侦版工作了几个礼拜，到利马城里最贫穷和暴力的区域进行报道。就这样，我逐渐发现了在那之前我完全不了解的这个国家的另一面。从这个层面上看，新闻行业给我的教育意义是无可替代的：他让我认识到这个国家的现实远比我所了解的要复杂得多，矛盾也尖锐得多，在这个国家发生的暴力是我在自己一直生活的环境中所看不到的。

还有一个很有意思的情况：我当时一直认为报刊媒体和文

学是很相近的，我能够边当记者边搞文学创作。可是记者使用的语言和作家使用的语言是完全不同的。专业记者需要反映已经发生的事情，他所使用的语言越中立、越透明，从新闻的角度来，看那篇文章就会越有效力。而作家使用的语言则刚好相反：他要保证使用个人视角，通过语言来表达个体的独特性和原创性，也就是说，要和大众语言保持一定的距离。这就是文学需要做的事情，我们只需要读读鲁尔福、加西亚·马尔克斯和奥内蒂，研究一下他们的语言就能明白了。

　　记者没办法在写作的时候追求原创性：他必须丢开自己的个性，将之溶解在报刊语言之中。当然也有很多作家写报刊文章，但我还是认为他们在写报刊文章、纪实报道或是社论时所使用的语言，与其在写小说、进行文学创作时所使用的语言大不相同。这是报刊媒体与文学之间难以进行比较的第一个方面。

　　虽说如此，可报刊媒体在民主社会中所占据的地位是极其重要的。我是在秘鲁长大的，对于我那代人的成长而言很重要的一个阶段，就是奥德里亚将军独裁时期，也就是从 1948 年到 1956 年。奥德里亚将军发动政变的时候，我们的年纪还小，可当他交出权力的时候，我们已经成长为男人了，那个时候，民主才算真正到来。所以在我们的整个童年和青少年时期，审查制度都是非常严格的：我们都知道媒体在撒谎，他们并没有把真实发生的事情报道出来，而是把它们藏起来了，或者是改头换面了一番。那时候的媒体都是为权力服务的谄媚者，对独裁政权言听计从。新闻媒体是政府用来操纵社会的主要工具之一，它使我们相信我们正生活在一个完美的世界里。所以报刊媒体也是测量一个社会自由程度的标尺：我们需要拥有批评的权利，需要真正的媒体有自由表达的空间，这样的社会才是真正民主的社会。

在现代社会里，新闻媒体正在遭受着另一种伤害，它与审查制度带来的伤害并不相同，那就是轻浮。这是一个十分现代化的现象：轻浮的媒体一直有，但之前它们只是扮演着很边缘化的角色。如今这种轻浮化已经传染给了诸多的知名报刊媒体，许多我们认为十分严肃的媒体机构也受到了波及，理由很简单：从经济的角度看，无论是杂志、报刊还是电视节目，如果太严肃，就一定会遭遇失败。巨大的经济压力迫使媒体必须竭力吸引更多的读者，或者说吸引更多喜欢娱乐的人。

我在英国住了很多年，我还记得自己在1966年刚到英国那会儿，可以用"死板"来形容媒体的严肃劲儿。那时候，《泰晤士报》有很鲜明的风格：内容客观，行文毫不花哨。我从来没想过《泰晤士报》和《每日邮报》会变成现在这副样子：如今上面八卦新闻的数量在二三十年前是难以想象的。这种平庸化已经逐渐占据了当下的新闻媒体。我认为这种变化是我们这个时代文化崩坏的体现之一，它已经动摇了民主社会存在的基础。

鲁文：那种变化还体现在文章的长度上。二十年前，在《纽约时报》和《卫报》之类的报纸上发表的文章一般都要有二十、三十甚至四十页纸的长度，这在现在看来简直不可思议。虽然说文章长短和文章的严肃性没什么必然联系：我知道你给《国家报》写的文章不能超过五页纸的长度，可你在如此有限的空间里展现了如此多精深的思想，并把它们和政治、文学世界里的事件联系在了一起。我们也可以把五页纸的限制看作是一种文学练习：我们记得许多作家，从奥古斯托·蒙特罗索① 到豪尔赫·路易斯·博尔赫斯，都喜欢写简短的东西。

略萨：伟大的文论作家能够通过这种文体准确地表达自己的思想。一篇高质量的文章会有一个核心主题：由这个主题发散出对文章其他部分的构思，衍生出许多次要主题，它会引发读者的思考，解答他们的疑惑。我们在那位伟大的美国记者沃尔特·李普曼的作品里就能看到这些特点。他是杰出的文论作家，能在三四页纸里把某个思想完全展示出来。他的文章里总是有一个支柱般的核心主题，然后围绕着它设计整篇文章的结构。

文论是一种很难写的文体，却能成为一个施展创造力的绝佳舞台。我记得自己1966年到英国的时候总是迫不及待地等待着周日的到来，就是为了读两位评论家的文章：一位是《承诺的敌人》的作者西里尔·康诺利，他当时每周日都会在《星期日泰晤士报》的文学专栏写一篇文章，来评论某本书或是某个文学事件。他的观点总是那么吸引人，而且能在三页或四页纸的篇幅内把自己的想法都说清楚。另一位是肯尼思·泰南，这位比较玩世不恭，是做戏剧评论的，他写的东西也很精彩，阅读他的文章时，经他评论的戏剧似乎立刻就能浮现在读者眼前。

---

① 奥古斯托·蒙特罗索（Augusto Monterroso，1921—2003），危地马拉作家，代表作有《黑羊及其他寓言》等。

他的文风既优雅又诙谐。后来他本人还写了一部叫《哦，加尔各答!》(*Oh!Calcutta!*) 的戏剧，在全世界大获成功。他赚了大钱后就不写文章了。对了，那个剧名实际上是个文字游戏：Oh, quel cul t'as。①

这两位文论家都是伟大的创作者。他们发展了在当时不被人认可的文体，并在其中展现了自己巨大的创造力。

记者职业与放荡生活

鲁文：在你的好几本书里，从《酒吧长谈》到《水中鱼》，新闻媒体都像是为作家设下的陷阱。书中的众多人物中有许多有才华的年轻人，他们本可能会成为作家，可就是因为当了记者，他们迷失了，止步不前了。他们没办法离开撰稿桌，永远也没法写出他们想写的伟大小说了。

略萨：没错。因为我所了解的记者职业是和放荡生活联系在一起的。记者总在晚上写作，而夜晚又是充满罪恶和诱惑的。记者干完手头的活就会出去喝酒，一直喝到天亮。那种生活节奏最后会毁掉人的精力和纪律性，而这些恰好是搞文学最必须的东西。在那个时代，很多人认为要写好文学作品就必须过放荡的生活，但那只是一种海市蜃楼，因为伟大的作家无一不是恪守纪律、勤奋刻苦的，他们会根据写作计划来安排自己的时

---

① 法语，意为："哦，你可真长了个好屁股。"

间。当然也有一些伟大的作家习惯过放纵的生活，他们也能很快写出好作品，但我始终认为那些都只是特例。

我刚干记者那行的时候，认识了许多想当作家的同事，他们总想写诗，却从来没有写出来；还有的想写小说，最后也一本都没有出版，因为他们的生活完全被那个职业毁掉了，那个时候当记者不仅意味着默默无闻，所写的东西的效力也很短。那些消息的时效性只能维持二十四小时，甚至更短，然后报纸就会被丢进垃圾桶。新闻事业的这种天性让许多撰稿者沮丧万分，因为大家都希望自己的文字能产生巨大的影响。

报刊文章

鲁文： 你一辈子都在给报刊撰稿，至今依然在《国家报》设有专栏。为什么你要花大量的精力来写报刊文章，而不是全身心地从事文学创作呢？

略萨： 我从来没有放弃撰写报刊文章，原因很清楚：文学是我的志向，也是世界上最棒的工作。但我从来都不崇拜那些只愿意当作家的人，也就是那些把自己完全封闭在一方小天地里、只做脑力劳动而与现实完全脱节的人，他们漠视日常生活，对普通大众所经历的事情毫不关心。可能正是因为如此，我才成为了现实主义作家，而非幻想文学作家。我从没想过要创造一个完全虚拟的、独立于现实之外的世界来。我希望在自己的小说里起码要保留现实世界的外观，所以那种让我和真实世界完全脱钩的职业对我没有任何吸引力。对我而言，给报刊媒体写文章是我和现实世界保持联系的一种方式，所以我至今依然坚持做这方面的事情。通过这种方式，我迫使自己不和日常生活、客观世界拉开太远的距离。我的文章会写文学主题，但也会写很多和日常生活相关的政治与社会主题。报刊媒体为我提供的这种联系现实的纽带，对我的工作而言非常重要。我还记得巴列霍① 写过这样的诗句："吃点美食，然后 / 在午后出门，买份好报纸。"读好报纸是一种很让人愉快的经历，和读到好书时的感觉没什么不同，因为一篇很棒的文章会指引我们接触到那些正在发生的事情，让我们部分地融入那些形形色色的事件中，进而理解现实的复杂性。那种严肃的新闻媒体在我们这个时代正逐渐消失，取而代之的是一些很肤浅的东西，很多仅靠标题来吸引眼球。看上去伟大的文章已经很难在报刊上生存了，因为几乎已经没有读者爱读它们了。

鲁文：你所撰写的报刊文章涉及的主题非常多样化。你写过菲德尔·卡斯特罗、玛格丽特·撒切尔、教皇及其反对使用避孕措施的言论、你在剑桥的最后一个学生、拉丁美洲的民族主义倾向、唐纳德·特朗普、伊拉克战争、阿根廷大选……除了多样化和博学之外，那些主题还能反映出你在进行思考时的自由性，你总是会对不同的话题产生兴趣，进而提出疑问。

---

① 塞萨尔·巴列霍（César Vallejo，1892—1938），秘鲁著名诗人。

略萨：我很看重你所说的那种自由性。《国家报》要求我每两周给他们一篇文章，不过主题由我自己定。能够写最让我感兴趣的东西，实在是太棒了。我总会写一些和现实发生的事件相关的东西，因为我觉得那就是报刊的职责。而且写那种文章让我觉得很开心，因为我的大部分时间都是脱离现实的，我一直在写小说，可写小说无法把我和时事联系起来。

拉腊·诺加德（下文简称"拉腊"）：我接着报刊媒体这个话题：您的《作品全集》中只收录了您在1968年之后写的文章。这是为什么呢？您的报刊撰稿生涯在那一年经历了某种变化吗？为什么您不把更年轻时期的文章也收录进去呢？

略萨：我不插手编选篇目，负责人是巴塞罗那行星出版社（Galaxia Gutenberg）负责该套丛书的编辑安东尼·蒙内（Antoni Munné）。我允许他以自己的标准进行筛选，因为他非常熟悉我的作品，而且他的筛选标准非常严格。确实，对于一套"全集"而言，如果我们要较真书名，那么所有的作品都应该被收录进去：无论好坏。可能我自己会把许多写得不好的文章也放进去，但是他更倾向于把我很年轻时期的一些文章剔除出去，因为他觉得那些文章不是很有趣，而且现在看来价值也不大。

我觉得，如果说那些文章还有些什么价值，那就是它们可以反映出我个人的思考方式的变化，尤其是在政治领域。在我的一些文论作品选里，我总是担心会选入一些观点彼此矛盾的文章，不过它们实际上体现出了我在思想上的发展变化。

鲁文：这也说明所谓的"作品全集"永远都不是真正的全集。因为在"全集"出版之后，总会有新的文章、信件以及不同于定稿的其他版本的作品出现。奥古斯托·蒙特罗索就曾经嘲笑过"全集"这个定义，把它看成是某种形而上学的东西，所以他给自己的一部短篇小说集就起名为《作品全集》。

略萨：对，当然了，《作品全集及其他故事》。《恐龙》就被收录在那本书里，那是最简短且完美的一篇故事，只有一句话："当他醒来时，恐龙依然在那儿。"这短短的几个词却讲述了一个故事，实在是太高效了。这则故事和《作品全集》这个书名刚好相反，因为它并不完整，但恰好是缺失的部分成就了它的伟大。

拉腊：您所提到的文章中反映出的变化，主要是政治方面吗？

略萨：是政治方面的，也是文学方面的。我年轻的时候很崇拜萨特，甚至到了被我的朋友们嘲笑的地步，他们给我起了个绰号，叫"勇敢的小萨特"。现在我已经不再读萨特了：我发觉他的那些在我年轻时如此吸引我的小说其实写得很滥，没什么意思。如今我会说萨特是多斯·帕索斯[①]的模仿者，但多

---

① 指美国作家约翰·多斯·帕索斯（John Dos Passos, 1896—1970），代表作有《美国》三部曲等。

斯·帕索斯确实有写小说的才华，可萨特没有：他过于聪明了，很难成为伟大的小说家。要想写小说，那么你就不能被想法左右：你得让自己接受情感和激情的牵引，这一点，萨特永远不可能做到，因为他是一台思考机器，一个机器人。他很有智慧，所以能写出很精彩的文章，却很难创作出高质量的小说。

鲁文： 萨特缺乏感官感觉。

略萨： 没错，他缺的是流汗、流泪，缺的是爱和激情。不过对这些东西，他压根就不感兴趣。他是一台思考机器，所以他的小说读起来也像是散文：里面全都是思想，当然你能读到小说化的片段，但是要创作伟大小说所必须的所有文学元素，在他的小说里一个都找不到。

新闻媒体与审查制度

拉腊： 关于对媒体审查这个话题：在奥德里亚将军掌权秘鲁的时期，负责审查的是报刊主编，当然记者也做这些事情，因为他们要预计到文章刊出后会出现什么样的情况。这是一种自我审查，可它后来变得比官方审查更严格和可怕。

略萨： 我在《纪事报》工作的时候，有一些词汇是不能使用的，还有些主题则是连碰也不能碰的。那是很机械的行为，它形成了人的某种第二天性，大家都知道那些领域是很危险的，没人敢冒险犯禁。因此当时出现了地下媒体，我们卡魏德组织办的小报纸就在其中。可是那种自我审查不仅局限在报刊媒体上，居民的生活举止也受到了影响，因为日常生活中也有许多事情是不能冒险去做的。这是所有独裁政权的共性之一，不管是左派还是右派，文人政权还是军事政权，信教的还是不信教的。很快，所有人就都养成了一种习惯，人们会关注着他人的举动，不停地对别人说："这里不能去。这事不能做。最好还是避开它。可不能这么干啊。这事太危险了。"在人类社会中，类似的自我审查是最糟糕的东西，因为它是植根于人的内心深处的东西。

拉腊：其他拉美国家也有这种自我审查的情况存在吗？

略萨：审查制度一旦被确立，自我审查也就立刻开始了，这是独裁政权最邪恶的手段之一。我年轻时在秘鲁经历过这些，在西班牙也是一样。我 1958 年到马德里的时候，正值佛朗哥独裁统治时期，那时的马德里就有类似的制度，规定作者和编辑只有在获得通过许可之后才可以把书出版。这就使得许多作家养成了自我审查的习惯，因为他们知道自己的作品会被删减，所以他们在写书的同时就在机械地做着自我审查，就好像他们的脑子里存在着一个小小的审查官，时刻提醒着他们什么东西是不能触碰的。不过也有另外一种更灵活且复杂的情况，那就是自我审查会造成相反的效果，使得作家尝试去写那些被禁止触碰的话题，去挑战禁忌。那也不是什么好现象，因为如果一个作家只想着去对抗审查，那么他也就丢掉了自由性。自由是进行文学创作、构思及幻想的基础。而审查制度则是一种极具破坏力的元素。

审查有时候会显得无比荒谬。胡安·马尔塞[①]曾经讲过，他的一本小说在被审查后，全书中所有出现的"胳肢窝"这个词都被删掉了。这实在让人无法理解：为什么是"胳肢窝"而不是别的词？可能审查官本身就是个不正经的人，所以"胳肢窝"这个词使他联想到了什么淫秽的场景。不可能有别的解释了："胳肢窝"这个词伤害不了任何人。

我在出版第一本小说《城市与狗》的时候，曾和审查官产生过争执。那时佛朗哥在政府中任命了一批进步分子当部长，至少和他们那如穴居人一般的前任比起来，他们是进步的。时任信息部部长、兼管审查的卡洛斯·罗布莱斯·皮克尔同意和我就我书中的相关改动进行对话，所以我们一起吃了顿午饭，那次会面实在是太滑稽了，他想改动的其中一个句子是对军校长官的描写。我在书中写那位上校有"如鲸般的肚子"，也就是说肚子很大。但是罗布莱斯·皮克尔对我说，因为上校是军方代表，如果我在书里嘲笑他，那就不仅是在嘲笑这一个角色，而是在嘲笑整个军方，因为他代表着军队。他对我解释说，如果那个人物的军衔低一点，例如是个指挥官或队长，那么影响就不会那么大，但上校在军队里是很重要的。我想惹恼他，于是突然问道："那如果我不说'如鲸般的肚子'，而说'就像鲸

---

① 胡安·马尔塞（Juan Marsé, 1933—2020），西班牙作家。

鱼的肚子'，怎么样?"他回答我说，"鲸鱼"这个词肯定没问题，因为这样一改，他听着这句话就和缓多了。你瞧，这就是审查制度，实在是太蠢了，他们成天就在这种鸡毛蒜皮的事情上面浪费时间。

他想让我改动的另一句话是描写一个神父的："人们看见他眼神迷离，在卡亚俄的窑子中间转来转去。"罗布莱斯·皮克尔先生对我说："您瞧：我知道有的神职人员会犯禁，可在您的这本小说里只出现了这么一位神父。如果还有别的神父，读者就会知道有好神父也有坏神父，但问题是您的小说里只有一位坏神父。"我对他说："那好吧。咱们把'窑子'换成'青楼'，你看怎么样?"他对我说，这么一改就没问题了，因为"青楼"这个词让人听着舒服多了。最后，在小说的第一版里，他们给我改了八个单词，可是我的编辑卡洛斯·巴拉尔（Carlos Barral）很勇敢，他在小说的第二版里把那八个词又改回来了，也没出什么事。

鲁文：审查工作要求对文本读得很细。

略萨：确实是细致入微的阅读，他们总得找到点删改的东西。他们阅读时寻找的是罪过、疏漏和异见，要是没找到，就附会几个出来。另外，审查官在评判图书时还会夹杂着个人喜恶。我不知道为什么在西班牙从没出版过一本讲述这些事例的书。

我这里还一个个例子：电影评论家罗曼·吉维尔（Román

Gubern）写了本书来评论《金刚》这部电影，他想用《美女与野兽》作为书名。审查机关禁止他使用这个书名，他们对他说，只要他把书名换掉，书就可以出版。他找到负责人，质问说，他不明白这个书名有什么问题。那人对他说了下面这段神奇的话："好吧，咱们大家都不是傻子。您想用那个书名影射什么？美女，谁是美女？肯定是西班牙。那么谁是野兽呢，很明显，我们知道你想指的是元首大人。所以这书名过不了审。"审查官的脑回路就是这么奇特，连一本写金刚的书也会被看成是在侮辱佛朗哥。

拉腊：他们对报刊文章也会读得那么细吗？

略萨：只会更过分！哪种文体的阅读量大，审查的力度就越强，所以自由度最高的就属诗歌了，因为他们认为读诗的人很少。有些在小说里不能涉及的话题，诗人们可以写。审查制度对小说严厉，对报刊文章就更不用说了，可最苛刻的还是对电视节目的审查。我是1958年第一次到西班牙的，当时我还是个学生，那个年代很有名的女演员阿娜丽娅·加德给我讲过对电视节目的审查是如何进行的。在上台之前，审查官会拿着米尺来量女演员的裙子长度和领口宽度，有时会突然说"裙子得再长点，腿不能露这么多"或"领口得收紧一点，胸不能露太多"。对那些可怜的女演员来说，这算得上是最大的羞辱了。我觉得这个例子恰好反映出了审查官的心理变态。

鲁文：你的书在其他国家被审查过吗？

略萨：自从我开始批评古巴政府，我的书在古巴就被禁了。独裁政权就是这样，他们一心想着控制文学、艺术和创造力，因为他们认为独立思考是很危险的。在民主政权中没人会觉得一本小说或一首诗歌会有危险性或破坏性。我想说的是，在这件事上民主政权犯了错，而独裁政权想的是对的，因为文学确实有危险性。我们阅读伟大的小说——《白鲸》《悲惨世界》《战争与和平》《堂吉诃德》——之后回到现实生活中来，此时在我们内心已经产生了某些变化，我们看待周围事物的目光已经更具批判性了。读有价值的小说就像是在一个完满精致的完美世界里活了一回，目之所及尽是美好，在那里，连丑恶的东西都会变得有吸引力。书中的文学性语言让我们能够深刻理解所发生的事情，以及它们的前因后果。相比文学世界，现实世界是不完美的，满是无序和混乱。所以读一本好小说会让我们更加批判地审视周围的一切，这在试图最大化地控制个体的社会中自然是极具破坏性的。这也解释了为什么独裁者如此不信任文学……他们是对的。

在被严格掌控的社会里，人们的阅读方式是不一样的，他们试图在书里，在小说、故事和戏剧中找到那些在报纸、电视和广播里接触不到的东西：对正在发生的事情的批判性分析。文学变成了解读世界的媒介，获得了在民主社会中未曾有过的政治重要性。诗歌、小说、散文和戏剧中充满了影射，人们会立刻将之和自己的生活经历联系起来。此时，文学就显得更加重要了，尤其是在政治领域。生活在独裁统治之下的人，在书籍中寻找着那些在官方媒体中被过滤掉了的东西，所以独裁政权才那么惧怕作家的创作。文学总是会挖掘出被那些独裁政权竭力隐瞒的东西。

作家们则总是乐于运用千变万化的文学表达去说出那些被禁止谈论的事情，同时借此来嘲弄审查制度。

鲁文：许多作家进行创作的动力就来自以之对抗独裁政权。我想到了米兰·昆德拉，他在社会主义捷克最艰难的时期写出了许多很棒的作品，例如《不能承受的生命之轻》。九十年代初，随着社会主义阵营的解体，昆德拉再没创作出什么重量级作品了。那之后，昆德拉的作品失去了之前的形式，也丢掉了憎恨和勇气，这些都曾是他手中的武器，他曾用它们来对抗自己最大的敌人：那个以酷刑和牢狱来威胁他的社会主义国家。

卡洛斯·绍拉 ① 也是如此：他在佛朗哥独裁统治时期拍摄的电影，例如《饲养乌鸦》，都有很强的政治批判性，但是在佛朗哥死后，他改拍故事片去了，拍了些诸如弗拉门戈、探戈以及其他和政治不沾边的主题。

略萨：在所有独裁政权统治中，都存在这种现象：人们用文字来对抗独裁。可是当独裁政权垮台了，大家突然就失去了

---

① 卡洛斯·绍拉（Carlos Saura, 1932—　　），西班牙导演，在 20 世纪 60 至 70 年代的西班牙影坛影响很大，对西班牙电影的复兴起到了重要的推动作用。代表作有《饲养乌鸦》《卡米拉》《卡门》等。

逼迫自己进行思考和创作的动力。类似的例子还有在一战和二战之间兴起的德国表现主义艺术。德国那时是一个动荡的国家，在那些年里，发生了许多极端的暴力冲突：共产党员和纳粹分子在街头厮杀拼命。但是那种不安全、不稳定的状态却促成了一种极富创造力地表现暴力的艺术形式的出现。在那个时期的艺术家里，有一位我特别喜欢：乔治·格罗兹 [①]，他对纳粹主义和种族主义进行了严厉的抨击，却奇迹般地活了下来。一队德国士兵到他家去找他，他以管家的身份接待了他们：把他们请进屋子，给他们上了茶，就在纳粹士兵喝茶的时候，他用小梯子翻墙逃走了，最后逃到了美国。可他踏上美国的土地之后，就失去了那股冲劲儿和斗争精神，擅长的讽刺漫画也不见了。有人说他整个人都好了起来，丢掉了所有的敌意，那之后，他的画风变得积极、温和而富有装饰性，却没有力量，没有灵魂。他再也没能找回在德国进行创作时所具有的那种能量。他需要用憎恨来让自己成为伟大的画家。一旦他丢掉了憎恨，开始生活在一个没人让他恨的国家，或者说开始感觉高兴起来，那么他的画作就失去了灵魂。这个例子很值得玩味。还有很多类似的例子，许多作家需要一个可怕的敌人，来让他们有创作的动力。

本·胡梅尔（下文简称"本"）：例如埃贝托·帕迪亚？

---

① 乔治·格罗兹（George Grosz，1893—1959），德国画家，擅长用讽刺漫画揭露政治腐败及社会的阴暗面。1932 年赴美后，作品中逐渐出现了浪漫田园风格。

略萨：对，没错：埃贝托·帕迪亚也是如此。咱们来回看一下事情的经过吧：帕迪亚是很棒的诗人，他的诗歌很有力量。他经历了很可怕的事情：当局指控他是异见分子，把他关进了监狱。后来他被放了出来，却被迫做了可怕的自我批评，说自己是美国中央情报局的特工，还承认了其他许多可笑的莫须有的罪名，很明显这些都是他在极度恐惧的状态下说的。后来他再也没出事，在古巴又生活了许多年，直到最后逃亡去了美国。可是到达迈阿密的那个帕迪亚似乎已经是个行尸走肉了，他再也写不出真正重要的作品了。他后来创作的诗歌都很平庸，整个人都像丢了魂一样。他和格罗兹的例子很像。帕迪亚后来就像个幽灵般生活着，直到去世。可能正是因此，古巴政府才允许他离开，因为他已经不能用文字来打击任何人了，这对作家而言是最可悲的事。

3.

《酒吧长谈》

　　《酒吧长谈》（1969）是马里奥·巴尔加斯·略萨最富创作野心的作品之一，可能也是体现作家本人如何利用文学来进行政治思考的最佳范例。小说的故事背景是曼努埃尔·奥德里亚将军独裁时期（1948—1956），小说讲述了圣地亚哥·萨瓦拉这个来自中产阶级家庭的年轻人的道德观的坍塌，以及在独裁政府腐化权力的掌控下，怀揣文学梦的知识分子萨瓦拉如何逐渐放弃自己理想的过程。小说全方位描写了利马城的情况，展现了秘鲁社会的全貌。

文学结构和文学技巧

鲁文： 咱们来分析一下你在《酒吧长谈》中所使用的文学技巧。小说中的时间剪裁、叙事者变化、镜头闪回等技巧，对读者提出了很高的阅读要求，因此这本小说通常会被归入"难读的文学作品"中，阅读它，对读者而言是个挑战，意味着他们要投入大量的时间和精力，去破解一个个文学谜团。这部小说是1969年出版的，正是人们针对小说技巧讨论得最热烈的时期，无论是社会现实主义还是"新小说派"都是如此。在那个时候，创作出这么一部需要读者集中注意力、投入大量时间和精力去阅读的作品，意味着什么？

略萨： 我想讲讲自己是如何设计出《酒吧长谈》的结构的。我想写一本独裁小说，来反映奥德里亚将军治下的秘鲁社会的状况，或者说，我想展现那个时期秘鲁社会各个阶层的情况。我的青少年时期都是在独裁政权掌控的秘鲁度过的，直到1956年，也就是我二十岁的时候，我们才迎来了自由选举。我是在六十年代，也就是那段时期之后很久才开始创作《酒吧长谈》的，而且当时我已经不在秘鲁生活了。刚开始，我写了一些彼此没什么联系的片段，出场的都是些不同的人物：一名保安，一名女佣，一名成功的企业家，还有一名中产阶级家庭的年轻人，而且我在写作的时候是很迷茫的，因为当时我完全不知道该怎么把那些材料联系到一起。我思考了很久，走了很多弯路，后来我有了主意，我想用一组对话来作为小说的中心线索，不过那组对话需要时不时地被打断，因为还有其他许多组对话要插进去，后来小说就这样写下去了。

这就是《酒吧长谈》的结构：以小萨①和安布罗修的对话为主要线索，后者是前者父亲的司机、保镖兼秘密情人。对话发生在小萨到市政打狗队解救自己的宠物狗并偶遇安布罗修之后，而安布罗修彼时已经沦落到社会最底层，以打狗为生。两人决定到打狗队总部旁边一家名为"大教堂"的小酒吧喝上一杯。故事就这样展开了：他们之间的对话出现了，然后会突然中断，插入其他许多线索之后再次出现。从这个中心线索出发，又衍生出了许多其他的情节，发生在不同的时空之中，涉及的人物也不尽相同。出现在小萨和安布罗修对话中的一个人物可能会促成另一个人物的出场，进而使得两人回忆起之前经历过的某个事件，然后再次回到核心谈话，再有其他人物出场，如此循环往复。

小萨和安布罗修之间的谈话就像树干，上面会长出许多枝叶，它们会慢慢共同组成一棵大树，也就是小说的全貌。我不担心这会使读者感到疑惑。相反，我认为那种疑惑对于让这个故事保持真实性而言是不可或缺的。如果故事的一切线索从一开始就明白无误，那么读者是不会接受它的。小说里发生了许多可怕的事情，有的看上去很夸张，所以最好通过一种模糊的方式把它们展现在读者面前，这样会激发读者的好奇心，他们会带着想知道真相的愿望，慢慢地用创造性的方式把故事建构

---

① 即上文提到的圣地亚哥·萨瓦拉。

出来。

我希望读者能把每个角色摆在他们该在的位置上，进而在脑海中逐渐拼凑出完整的故事，就像做大型拼图游戏那样。在我所有的小说里，《酒吧长谈》可能是我下功夫最多的。我在《酒吧长谈》之前创作的小说是《绿房子》，那部小说受福克纳的影响很大，小说的语言就像是个显眼的角色一般，存在于读者和故事之间。我不想用同样的方式去写《酒吧长谈》，可能正是因此，在这部小说里，语言变得透明化了，只起着功能性作用。更极端地说，就像是故事自己在讲述，不受语言的限制。我当时一直在寻找一种完全隐形的语言。我用不同的方式去写这本小说，然后把与情节发展无关的话语全都删掉。所以《酒吧长谈》最早的几版草稿要比最后出版的版本多很多，那些早期版本都保存在普林斯顿大学的图书馆里。后来我慢慢删减，去掉了许多东西，努力隐去语言本身，这些尝试在《绿房子》和《城市与狗》里我都未曾做过。

那种结构还有一个好处：如果我按时间顺序把整个故事完整地写下来，可能就不是写一本书的事了，我得把它写成一套书，因为在这部小说里包含了太多不同的事件，许多都可以独立成篇。但是采用以一组对话作为中心线索的结构之后，我就可以讲述每个事件中最重要的部分，然后运用隐藏材料法进行创作，把大量情节及其所引发的后续隐匿起来，让读者自行想象，然后逐渐把完整的事件拼凑出来。

人们就"《酒吧长谈》的形式"这一话题问过我许多问题，我觉得形式是基本性的东西，因为文学即形式，是结构设计和时间组织。但我对那些脱离于故事、人物和情节之外而存在的形式从来就不感兴趣。我写小说时的着力点从来都是故事本身，再或者是某个人物，又或是某个具体的场景。之后我才会考虑形式问题。我所选用的形式一定得能使我要讲的故事清晰起来才行。文学创作最能体现创造力的环节，就是找到合适的形式，它必须与故事相得益彰，能够突出人物和事件，让它们显得可信。形式应该像是故事在排汗那样慢慢渗透出来，同时让我的思路更加清晰，因为只有在我找到把故事塑造成型的形式之后，我才真正能说自己的思路清晰了。

这种写作方式在我创作《酒吧长谈》时体现得最为明显。刚开始写那部小说时，我非常迷茫，感觉自己迷失了，找不到合适的形式。这种情况一直持续到我生出用一组对话作为核心线索、并以之引出其他多组对话的想法时，才告结束。

鲁文：1992 年，《回归》杂志出了一本特刊，主题是"捍卫艰深文学"。你也为那期杂志写过一篇文章。在那个时期出现了一种政治压力，提倡创作那种受众更广的文学作品，然而你，还有其他许多作家一起，依然捍卫那种"难读的"文学作品。

略萨：文学作品的难度不是产生自某种艺术思想，而是由展现复杂现实、复杂生活、复杂世界的需求决定的。举个例子，骑士小说所表现的现实只有两个维度：书中人的生活以及当时的社会环境，尽管他们的生活只能反映很小一部分社会现实。可是小说这种文体随着历史和文明的发展在不断演变。到了现代社会，我们发现在我们的身体里还存在着一种不受我们控制的维度，它确实存在，并且以某种方式指引着我们的行动——我指的是迷人的内心活动。现代小说想要表达现实所有的维度。可是，要怎样才能把内心活动这一隐秘维度表现出来？为此必须找到一种语言风格和一种特殊结构。乔伊斯所做的事情并不简单：他创造了一种语言风格、一种形式，利用这些把来自于潜意识的那一个世界描写了下来，那是与理智无关的另一个维度。他创造出的那种形式使得读者得以进入人物的内心世界。在乔伊斯和福克纳之后，写小说已经不一样了：再像十九世纪的小说家那样天真地进行小说创作已经不可能了。我们可以去欣赏十九世纪的文学，但如今已经没人能像司汤达那样写小说了，因为那种形式已经无法表现二十一世纪的人类现实。和我们的先辈们所生活的世界相比，如今的世界更加丰富多彩、与众不同、灵活多变，小说的复杂性就源自于此。伟大的现代作家有能力在尊重传统的同时，创造出新的技巧和新的结构，并用它们来展现符合我们这个时代认知的、各个层面的现实。

鲁文：能给我们说说你在写小说的同时会阅读哪些作家吗？

略萨：我在写《酒吧长谈》的时候阅读了许多作家的作品，他们中的很多人对我写这部小说产生了影响：比如福克纳，再比如多斯·帕索斯，后者教会了我如何去描写现代城市。多斯·帕索斯的《美国》三部曲可以位居伟大的现代小说之列：

他使用了一种全新的小说技巧来描写动态的城市，用上百个人物来表现那座如蚁穴般的国际大都市的社会复杂性，小说中表现出的骚动感，恰好是对属于我们这个时代的节奏感的准确描写。从多斯·帕索斯的例子来看，小说的复杂性正是来自于以反映现代世界的现实为已任的文学创作的需要。

鲁文：我们来看看《酒吧长谈》中叙事技巧的一个具体例子。在第一部分的第二章里有这样一个场景，小萨和波佩耶试图诱惑女佣阿玛莉娅。两个朋友之间有一段对话，中间还插入了两个人在几个月后的另一个地点进行的另一段对话。第一段对话发生在萨瓦拉家的卧室里，两个朋友和女佣因为小萨父母突然回家而惊恐万分。插入其中的另一段对话也是在同样的人物之间展开的——小萨、波佩耶和阿玛莉娅，但是发生在几周之后的阿玛莉娅家，两个小伙子因为对发生的事情心怀愧疚，特地带了五镑钱去拜访她。在这个场景中，时间和空间的切换是很明显的：

> "你妈妈突然想起来明天请了客人吃午饭，"堂费尔民说道，"你妈妈真让人扫兴，而且没有一次不是这样。"
>
> 波佩耶用眼角扫了一下，看到阿玛莉娅端着漆盘走了出去，她眼睑低垂，走路笔挺。这还差不多！
>
> "你妹妹留在瓦亚利诺家了，"堂费尔民说道，"结果我这个周末的休假计划泡汤了。"
>
> "已经十二点了，太太？"波佩耶说道，"我得赶快回去

了。不知不觉都十二点了，我还以为才十点呢。"

"参议员最近怎么样？"堂费尔民说道，"他很久没去俱乐部了。"

大家把波佩耶送到街上，圣地亚哥在他肩上拍了一下。他也告别：再见，阿玛莉娅。两人向电车轨道走去，走进胜利饭店买了一盒烟。店里挤满了醉汉和玩台球的人。

"五镑钱白白丢了，充什么好汉呀！"波佩耶说道，"说到底，我们倒是给这个乔洛姑娘帮了个大忙，你爸爸给她安排了个更好的工作。"

"可我们那次把她捉弄得够呛。"圣地亚哥说道，"给她这五镑钱，我并不后悔。"

"我只是说说而已。倒是你破了财。"波佩耶说道，"我们那次并没对她怎么样，你又给了她五镑钱，可以不必过意不去了。"

他们沿着电车轨道到了里卡多·帕尔玛大学，在林荫大道的树木下，在成串的汽车中间边吸烟边走路。

"她说是因为可口可乐过期了，你不觉得可笑吗？"波佩耶说道，"你说，她是真傻还是假傻？我实在忍不住了，笑得小便都出来了。"

"我问你一个问题，"圣地亚哥说道，"我是一副倒霉相吗？"

"我跟你说一件事，"波佩耶说道，"她出去给我们买可口可乐是不是有意的？是不是想试探一下，希望我们再干一次那天晚上的事？"

"你满脑子都是脏东西。"圣地亚哥说道。

"您说到哪儿去了。"安布罗修说道,"您当然不是一副倒霉相,少爷。"

"好,好,那乔洛姑娘是个圣女,我满脑子脏东西,好不好?"波佩耶说道,"到你家听唱片去,怎么样?"

"你这么干是为了我?"堂费尔民说道,"是为了我,黑家伙?无赖,你简直发疯了。"

"我发誓,您没有倒霉相,少爷,"安布罗修说道,"您不是拿我开心吧?"

"蒂蒂不在家,"圣地亚哥说道,"她和女朋友看电影去了。"

"喂,你可别泼冷水,瘦子,"波佩耶说道,"你骗我,是不是?你可是答应过我的,瘦子。"

"也就是说,倒霉的人不一定有倒霉相,安布罗修。"圣地亚哥说道。

略萨:这个片段选得很好,因为里面包含有不同的时间和事件。有一个中心对话,我管它叫小说的"支柱",也就是安布罗修和小萨之间的对话:当圣地亚哥说"我问你一个问题"时,我们知道镜头回到了这个"支柱"上,因为这里运用了现在时的时态①。每当现在时时态出现的时候,我们就时不时地会回到安布罗修和小萨的对话上来,因为所有的场景都不是一五一十、

---

① 此处指西班牙语原文所使用的动词时态。

完全地描写出来的：我只会写出一些关键性的情节，这是由故事内容决定的，当然也会和正在叙述的其他片段有所联系，它们会以某种形式把安布罗修和小萨的对话引出来。

圣地亚哥问安布罗修："我是一副倒霉相吗？"后面插入了来自别的场景的许多其他对话，直到突然出现了一句答语："'我发誓，您没有倒霉相，少爷，'安布罗修说道，'您不是拿我开心吧？'"这时我们又回到了中心对话上。① 下文里，小萨评论："'也就是说，倒霉的人不一定有倒霉相，安布罗修。'圣地亚哥说道。"也是如此。

这个场景里还插入了另一组对话，对话者是安布罗修和他的老板堂费尔民。我们不知道这段对话是在何时何地进行的，但我们知道它出现在上述片段中的什么位置："'你这么干是为了我？'堂费尔民说道，'是为了我，黑家伙？无赖，你简直发疯了。'"安布罗修为堂费尔民做了什么？其实是黑人安布罗修出于对主人的忠诚、尊敬和爱而犯下的罪行，读者们要到了后面才能读到那个事件。这是在这个场景中提到那次犯罪的唯一一句话。

在那段选文里，我们面对着两个完全不同的时空和场景，尽管出场人物是有交集的：安布罗修参与了两段对话。选文里还有一段在波佩耶和圣地亚哥之间展开的对话，其中又包含了两个不同的时间点。波佩耶和小萨去探望阿玛莉娅——读者知

---

① 巴尔加斯·略萨此处记忆有误，原文中在此句之前还有一句安布罗修的答语："'您说到哪儿去了。'安布罗修说道，'您当然不是一副倒霉相，少爷。'"也属于中心对话。

道，萨瓦拉一家把她扫地出门了，因为他们发现她出现在了小萨和波佩耶的卧室里，因为小萨对她心怀愧疚，于是说服了波佩耶陪他一起到那位乔洛姑娘家里，去给她送五镑钱。也就出现了对前面发生的事件的影射，它们穿插在小萨和波佩耶把钱交给阿玛莉娅之后而展开的对话中。此外还有一个场景，那就是堂费尔民和妻子回到家，撞见波佩耶和圣地亚哥正试图迷奸女佣的场景。

如果把所有这些场景拆分开来按照时间顺序去写，那这段只占两页纸的对话就得扩展到二三十页纸。而我人为地把这些场景拆分，重组，却没有让人觉得不可信：读者完全可以凭借自己的经验洞察内情。这里唯一不真实的，只有对结构和时间的组织，但这是很重要的，因为整部小说创造出了一种属于自己的时间，这种时间有时候会很像真实的时间，尽管它永远都不会是真实的时间，因为其中包含着沉寂以及很多被隐藏掉的其他细节。一部小说如果试图把所有东西都写出来，势必将陷入无休止的纷杂状态之中。

克劳德·西蒙是"新小说派"的代表作家之一，他曾经写过一篇文章，试图表明现实主义是不可能存在的。他在文章里写道：如果现实主义确实存在，那么我们不妨做个练习，用完全现实主义的方式来描写高卢香烟（Gauloises），必须包含这一物品所有可能的细节。我们先——西蒙这样写道——描写烟盒，它的大小和外观形状。然后写盒子里装的东西，也就是真正的高卢香烟，烟纸和烟草也要写下来。不这么写就算不上是现实主义，可仅仅如此还是不行。我们得回溯本源，要提出问题：

烟草是哪儿来的？要细化到它到底是古巴烟草、圣多明各烟草还是马提尼克烟草。烟纸呢？制造烟纸的工厂在哪儿？我们也不能忘记运输所有这些原料的交通体系。

到最后，描写那盒香烟变成了一件不可能完成的任务，因为作者如果要完全达到现实主义的标准，他就得花一辈子的时间去调查组成一盒香烟的所有成分的来龙去脉。因此克劳德·西蒙下结论说，现实主义压根就不存在，所以自诩为现实主义的作家只能去概括，去用叙事技巧把无尽的现实及其衍生出的诸多细节进行提炼。尽管文学看上去是对现实的写照，但它永远都不能完全复制全部现实，因为文学依赖于作家的个性、兴趣、想象力及概括力。克劳德·西蒙的文章对于理解《酒吧长谈》是很有益处的：小说中讲述的内容是现实主义的，整个故事中没有丝毫魔幻或超自然的色彩，但是小说中的时间以及将各个人物所经历的不同时间糅合到一起的方式，是我有意为之的结构布局，这种结构是文学性的，而非现实性的。

鲁文：《酒吧长谈》似乎给读者们设下了一个圈套：有时，出场人物是一样的——在前面的引文中出场的是波佩耶、小萨和阿玛莉娅，我们阅读对话，突然出现了空间的变化，没有丝毫预兆，例如从萨瓦拉家里跳到了街头。这种跳跃会让读者产生某种茫然感，他们不知道时间和空间究竟是变了还是没变。

略萨：这部小说里有许多时间的跳跃，不过重要的是故事情节始终保持着连贯性，在上面的例子里，这种连贯性表现在出场人物身上，因为两个场景中的出场人物是一致的：我指的是萨瓦拉家和街头这两个场景。出场人物起到了黏合剂的作用，他们把发生在不同空间及时间中的两个场景联系在了一起。也许在第一遍阅读时，读者会有些疑惑，这一点毫无疑问，但读者的记忆会帮助他们按照时间顺序重构、拼接出完整的故事，可能读者不能每次都立刻把故事想通，但这并不会影响他们的阅读体验。

使用这种技巧确实会提高阅读的难度，因为它要求读者参与其中。它不适合消极的读者，只适合积极的读者，也就是那种有能力把零散的情节逐渐拼凑起来的读者。不过那种零散性并不带有人为干预的色彩，因为如果用另一种方式来写这部小说，它必将变得平淡冗长、难以卒读。《酒吧长谈》故事情节的紧度、密度及其所包含的谜团，恰好源自于那种结构和叙事技巧。

鲁文：你是按照什么顺序来创作这部小说的？先写一些故事，然后再写另一些？先写萨瓦拉家里的故事，然后再写拜访阿玛莉娅的故事？

略萨：我最开始写了些零散的片段。后来我找到了那种结构，也就是设定一组中心对话，然后穿插许多其他的对话，当然互相之间要有呼应，用影射和同样的出场人物将之联系起来。后来慢慢这样写了下去。一开始写作是以某种有些混乱的方式进行的，因为在很多时候，我自己也找不到不同场景之间的联系。后来在持续不断地重写的基础上，我一点一点琢磨着各个细节，这些都在普林斯顿大学所收藏的手稿里有所体现。

有评论家问我："你是先按时间顺序把故事创作出来，然后将之剪裁打乱吗？"不，我不是那么写的。我是用一种无序的方式逐渐把故事写出来的，当然是按照时间顺序。我也一直在避免过于突兀的时空跳跃，因为这会使得故事的连贯性被打乱，而读者的注意力可能会被分散。那种技巧的关键就在于寻找那个中断的点，来让读者对正在进行的情节产生兴趣，同时好奇在那个中断点之前和之后的故事是怎样的。小说所讲述的故事是现实主义的——有的场景有些可怕，还有的充满暴力——因为没有什么是在现实生活中不会发生的。读者可以认为这是一部现实主义小说，但这只是针对情节和人物而言，在结构布局方面并非如此。

迭戈·内格隆–赖夏德（下文简称"迭戈"）：您从一开始就知道小说会如何结尾吗？还是说故事情节是随着创作过程而不断变化的？

略萨：不，我不知道小说会如何结尾。我知道我想写一本反映奥德里亚将军独裁的小说，那个政权的腐败问题要比暴力问题更严重。我想讲的故事是腐败的独裁统治是如何渗透进私人生活，进而毁掉父辈和儿女之间关系的。它同时还摧毁了人们的理想，让大家心生绝望。我想写出独裁政权是怎样把有教养、天生正派的人也腐化掉。如果一个好人想在那样的社会里出人头地，就必须在道德上、良知上和政治上做出让步。我想描写那种风气是如何影响到所有社会阶层的：寡头政府、中产阶级家庭以及其他大众阶层。我想把那时的秘鲁社会刻画出来，在那个社会里，独裁政治会影响到和政治距离最远的东西：家庭生活、私人生活、个人理想。政治会对一切产生影响，它会使得家庭和个体迷失方向。如果不存在那种腐朽的政治权力，那种情况本来是不会出现的。这就是我创作《酒吧长谈》的初衷。

我做了很多笔记。最开始，我想通过一个保镖的视角来写那个故事，那会是一个缺乏道德的好斗者，谁给他钱，他就会替谁卖命。我想象出的另一个人物，也就是小说里的安布罗修，应该是一个好人。但是后来我发现这样行不通，我不应该设置一个中心人物，而应该让故事以众多人物的视角展开。

人　物

鲁文：西班牙-多米尼加籍评论家卡洛斯·埃斯特万·代韦（Carlos Esteban Deive）发表过一篇文章，里面附了一份包含《酒吧长谈》中所有出场人物的列表。他从萨瓦拉一家开始列表，然后是其他有钱人，其他人物则是按照职业和社会阶层分类的：政府官员、记者、警察、工人，直到打手和妓女。那个表格里总共列出了七十个人物。你在写这部小说时是怎样协调如此众多的出场人物的？

略萨： 那些人物表现出了那个时代秘鲁社会的方方面面。我不是在一开始就把所有人物都设计了出来，随着故事的发展，涉及的领域和空间越来越广，人物也就不断冒了出来。有的人物只是一笔带过，有的会一直出现在故事中。不过我确实从一开始就打算描写处于不安骚动状态下的秘鲁社会，去展现社会中巨大的矛盾性和差异性，这就会采用不同人群的说话表达方式，乃至街头俚语。人物就这样一点点被创造了出来，那一小群最核心的角色自然不在此列，随着小说情节的发展，这些人物最终都会汇聚到那个主干故事中来。

鲁文： 马塞尔·普鲁斯特的研究者们热衷于发掘其笔下人物的"关键性"特征，也就是去寻找那些人物在现实生活中是以作家的哪个朋友为原型的，他们为此已经写出好几本书出来了。普鲁斯特曾说过现实要更加复杂，他笔下的人物通常是混合体，可能选取了某个朋友的性格、某个亲戚的外貌、某个名人说过的话，最后把它们混合在一起，塑造出一个文学人物。《酒吧长谈》中的角色有原型吗？还是说就像普鲁斯特一样，你笔下的人物都是些混合体？

略萨： 文学人物都是混合体。当然他们在现实生活中是有原型的，这是作家写作的出发点，因为一个百分百虚构的文学人物是不存在的。所有的作家都会在某个时刻发现某个人物的原型，之后就是运用想象力的时候了。再然后，随着故事的推进，人物会进一步得到凿刻，或者说会进一步得到指引，他会被赋予某些心理特点和说话方式。这中间有一个混合的过程，小说家会选取这个人的眼睛、另一个人的头发、再一个人的耳朵，最后把文学人物创作出来。对组合元素的选择，赋予了文学创作以原创性，也反映出作者的想象力。因此我们永远没法去谈论某个绝对真实的单一人物原型，尽管可能在某些时候，一个作家会从某个有血有肉的男人或女人身上突然获得灵感，并以此为出发点进行创作。可是无论如何我们都得明白，文学人物是用文字塑造的。所以文学人物和有血有肉的真人永远不能画等号，也不应该让人感觉某部小说中的某个人物就是其本人。尽管很多文学人物在现实生活中都有原型，可一旦到了文学世界中，他们就变成了别人，变成了纯粹的文字创造。

鲁文：《酒吧长谈》中，基本都是书中人物在进行对话，没有一个叙事者对人物或故事情节进行解读、评判。我记得你写过一篇分析《骑士蒂朗》[1]的文章，你在文章里说，为了使小说运转起来，叙事者就不能对人物做出评价：应该由人物自己通过他们的行动和话语来表明他们是什么样的人，是好人还是坏人，是诚实的人还是虚伪的人。

略萨：这是福楼拜的理念，我完全认同：叙事者应该像是

---

[1] 《骑士蒂朗》（*Tirant lo Blanc*），西班牙骑士小说，作者为朱亚诺·马托雷尔（Joanot Martorell，1405？—1465）和马蒂·朱安·德·加尔巴（Martí Joan de Galba，生卒年不详）。巴尔加斯·略萨认为《骑士蒂朗》中出现了许多现代小说的写作技巧，是极具文学价值的骑士小说作品。略萨著有《向骑士蒂朗下战书》一书，收录了多篇分析该小说的评论长文。

上帝，和所有出场人物在一起，出现在所有的故事情节中，但无论在任何时候都不应该被发现。它可以成为推动情节发展的积极力量，却不能跳出来发表观点，进行评价，也不能干扰人物的行动，因为正是那种中立性确保了小说的真实性。叙事者不应该把个人情绪和评价掺和进故事里。那正是《包法利夫人》教给我们的：叙事者只负责讲述，不发表意见，不进行讨论，也不做判断。这就是叙事者的作用。我认为自己一直遵循着这条法则，除非叙事者恰好也是故事中的某个人物，在这种情况中，叙事者自然应该表现出自己的反应，对事件进行评价和判断：他从自己的观念出发来表达观点，也就是说，以参与演出的众多演员之一的身份进行发言。

鲁文：在《酒吧长谈》里，针对出场人物的评价都是由小说中的其他人物做出的。举个例子：安布罗修和圣地亚哥提到后者父亲的时候，圣地亚哥是持批评态度的：他认为自己的父亲是个虚伪的资产阶级富人，然而安布罗修却在替堂费尔民说好话。

略萨：他替堂费尔民说好话，同时怀着极大的敬意。

卡约·贝尔穆德斯

鲁文：你在《水中鱼》里提到过发生在大学时期的一次会面，对象是启发你创作小说中奥德里亚政府内政部长卡约·贝尔穆德斯的那个人。你能谈谈那次会面对于你创作这个人物产生了怎样的影响吗？

略萨：我是 1953 年进入圣马可大学学习的。那个时期的秘鲁有两所大学：天主教大学和圣马可大学。后者是一所公立大学，是拉丁美洲历史最悠久的两所大学之一，另一所在圣多明各。在圣马可大学上学的基本都是穷人家的孩子，而在天主教大学上学的学生则都来自条件好的家庭，或者说中上阶层家庭。这种差异后来逐渐消失了，可是在那个时期却是很明显的。我一直想去圣马可大学，甚至不惜和家里人对着干，因为我希望能融入到对抗奥德里亚将军独裁统治的圈子里去。

我一直敌视奥德里亚，我家里人也是一样。我上中学时读过一本书，它使我相信要想迎来一个不同的社会，真正严肃的对抗方式只有一种，那就是加入共产党。那时人们都说圣马可是一所具有反抗精神的大学，里面有许多共产党员，所以我想进圣马可读书。后来如我所愿了。那时的圣马可和其他所有机构一样，被政府严密监控着。许多独裁政府的特务伪装成学生，我们在课堂上讲话都得万分小心。不过圣马可大学是少数几个在真正对抗独裁统治的机构之一，学生们组织了两个地下反对党。一个是当时参加人数很多的阿普拉党，它推崇社会主义，受到了军政府的严酷镇压。大学里也有共产党员，不过影响没那么大，我曾经入党一年。就像我的一位朋友说过的那样，我们这些共产党员"人数很少，却很狂热"。我们在圣马可的党支部里一共有十五个人，虽说其中托洛茨基主义者不超过三人，我们还是不断叫嚷着"最大的敌人是托洛茨基主义"，因为我们是斯大林主义者。

　　我们的人数很少，因为1952年时曾经发生过对信奉马克思主义的政党的可怕镇压，那次镇压的导火索就是在圣马可大学进行的一次政治性罢课。党内领袖要么被抓捕入狱，要么流亡海外，要么被杀害。有一些学生被关在位于利马市中心的帕诺普蒂科监狱里，有一天，我们得知他们在监狱里只能睡在地上，于是我们几个卡魏德组织（共产党那时的名字）的成员决定组织一场募捐，把募捐到的毯子给他们送去。后来我们自己买了毯子，把它们带到了帕诺普蒂科，但是监狱长对我们说："如果没有政府部门主管的批准，不允许给囚犯送任何东西。"他所指的"政府部门主管"实际指的是国家安全部门负责人，一个叫阿历杭德罗·埃斯帕萨·萨尼亚杜的神秘人物，他是奥德里亚的左膀右臂。这人办事很有一套办法：他手下的特务伪装成学生混进大学，对付工会也用上了这一招。他才是那个实际操纵着独裁镇压机器运转的人。

　　我们在党支部里就"要不要去见萨尼亚杜，请求批准往监狱送毯子"讨论了很久。最后大多数人投了赞成票，于是由五个学生组成了一个请愿团。我们请求和埃斯帕萨·萨尼亚杜见面。他给了我们一个会面时间，于是我们如约赶赴政府大楼，那是一幢位于市中心的老楼。我们所有人都很不安，因为不知道能否全身而退，也不知道会不会被投入监狱。经过一番等待，工作人员把我们领进了一间办公室，里面有个人坐在办公桌前。原来，那个可怕的安全部门负责人是个看上去弱不禁风的人，整个人就像是陷在椅子里一样。有些细节令我印象深刻：他脸部干瘪，眉头紧皱，连招呼都没和我们打。我们五个人就那样站在他的写字桌前，把商量好的措辞说了出来：一个人先说，另一个接上。我们解释说，想给同学们送几条毯子，因为他们只能睡在地面上。他一动不动，盯着我们，也不说话。我也盯着他看，想道："我们害怕的就是这么个人，瞧瞧他，看上去一碰就倒。"

　　他突然拉开小抽屉，抽出几张油印纸，向我们甩出一期《卡魏德》，那是我们这些共产党员学生秘密创办的地下小报。我们吓得魂飞魄散，因为在场的五个人都为那份小报的出版出过力。埃斯帕萨·萨尼亚杜继续盯着我们，突然说道："这是什么？每一期里面都会提到我，真是要谢谢你们这么惦记我。你们上大学就是干这个的吗？来搞共产主义革命，来羞辱我？"我们惊呆了，感觉那人似乎无所不知，他了解我们做过的所有事情。"我知道你们在哪里集会，"他对我们说道，"知道你们把这份小报藏在哪里，也知道你们是在哪里把这玩意印出来的。"我不记得那次会面是怎样结束的，好像最后他还是同意了我们送毯子的请求，不过我记得很清楚，我当时这样对自己说："我得写个故事，故事里的主角就是像他这样的人，这样一个既能把人抓进监狱也能下令把人杀掉的当权者，却有着貌不惊人的外表。"

　　写一个以像他一样的人物为主角的故事，这个想法就这样出现了。后来又过了许多年，我终于写出了《酒吧长谈》。实际上，我在创作这部小说时心里一直在想着那次会面。小说出版后，记者们立刻发现书中人物的原型是埃斯帕萨·萨尼亚杜，当时他已经结束流亡，回到了秘鲁，住在利马市郊的一幢别墅里。于是记者们跑去采访他，对他说，他就是《酒吧长谈》里"臭狗屎"卡约的原型。他的回答出乎所有人的意料："哎呀，"他说道，"要是巴尔加斯·略萨早点来找我，我可以给他讲很多比他在小说里所写的更精彩的事情。"现在我觉得他说的是实话：如果我把他亲手犯下的罪行都写下来，书中的那个人物一定会更坏。

卡利托斯

鲁文：有这么一个场景，卡利托斯，小萨在《纪事报》的同事之一，抱怨新闻行业。他说："就像沼泽地一样，你陷呀陷呀，一直往下沉。你恨它，但你摆脱不了它；你恨它，但为了搞个头条，你又什么都干得出，你可以彻夜不眠，你可以钻到最不体面的地方去。这变成了一种瘾头，小萨。"

略萨：卡利托斯·内伊说的不仅是新闻行业，也是说他自己，因为他曾经想当诗人，但是新闻行业吞噬了他的人生，把他吞没了。不光是新闻行业，同样还有放纵的生活方式：他习惯了从报社直奔酒吧，慢慢变成了酒鬼。他依旧想当作家，但已经不写东西了。到头来，那个本来也许能成为重要诗人的小伙子连一本书也没出版过，因此他才说了那番话，因为他觉得是记者行当耽误了他。事实上是他自己放弃了自己。许多有志成为作家、诗人、小说家的年轻人都在新闻行业里逐渐迷失了自我，他们的理想最终被彻底摧毁了。

奥登西娅

鲁文：奥登西娅是一个迷人的角色，我们在她身上看到了政治是如何在那些对政治完全不感兴趣的人身上发生影响的。你是如何构思这个人物的？她是在什么时候进入到小说里的？

略萨：奥登西娅是一个很有意思的人物，她的生活很有局限性。她是一个为了取乐而出卖肉体的女人，但其实她也在思考，也对正在发生的事情有自己的判断。我想让"缪斯"①——她属于那种最放荡的婊子——身边有个人用批判性的眼光来观察她，或者说保持一定距离地观察她和卡约·贝尔穆德斯的关系。奥登西娅打开了那扇隐秘之门，读者们可以从中窥视到安布罗修和"缪斯"之间真实发生过的事情。她除了是个婊子，还很聪明很敏感，很适合借这个人物来引入一个发生暴力流血冲突的犯罪场景。她的故事是整个小说里最阴暗的部分，尤其是发生在她身上的震慑人心的暴力事件。不过奥登西娅这个人物充满矛盾性：她没什么文化，却有与生俱来的智慧，这就使得她能够对自己生存的环境和与之频繁交往的人有着细致的观察。

鲁文：在《酒吧长谈》里，政治甚至钻进了卧室，影响着人们的性生活。

---

① "缪斯"是奥登西娅的艺名。

略萨：我很想阐释性是如何变成一种逃离现实的方式。压迫造就了某种令人窒息的氛围，而这种氛围又刺激了性生活的进行，因为人们想要从亲密关系中寻找到逃离压抑的现实生活的避难所。在独裁政权掌控的社会中，性生活的作用扩大化了。

鲁文：在这部小说中出现了一些历史事件，读者是通过奥登西娅的视角了解到这些事件的，例如阿雷基帕罢工。阿雷基帕的这场历史事件散发着浓郁的政治气息，但奥登西娅是用一种私人化、更直接的方式去看待这个事件：要是罢工者把卡约毁了，她就没钱花了。

本：凯姐是个比奥登西娅更轻浮的人，却在很多场景中有闪光点。有一次她说："金球比臭卡约更叫我恶心。"这个判断很有意思：卡约很坏，但至少他知道自己坏；堂费尔民让人觉得他是个好人，但其实很腐化又阴暗。

略萨：当然，因为堂费尔民是个伪君子。他的举止表现得像个受人尊敬的绅士，但是他这辈子就没做过什么真正值得人尊敬的事情，他的生活里全是秘密。

迭戈：奥登西娅看上去有很民主性的一面：所有到她家来的人，无论是富是穷、是强是弱，她一概一视同仁。大家一起喝酒、跳舞、尽情纵欲。好像奥登西娅的家是一个平等化的空间，无论谁只要进入其中，就会变成同一阶层的人，而这些都是通过性达到的。

马利斯·欣克利（下文简称"马利斯"）：奥登西娅这个角色身上有二重性：她认为那些聚会是为她和凯妲举办的，但我们知道，卡约只是在利用她们来达到政治目的。奥登西娅能掌控她自己的生活吗？还是说她只是卡约手中的玩物？

略萨：毫无疑问，奥登西娅后来是有些影响力的，但同时她也很天真。她相信她是靠自己生活的，但其实她依赖的是卡约赋予她的权力，而这也最终导致她走向了生命的终结。她有能力看得更远，或者说看清楚周围发生的事情。她有一些看法很重要：有自己的兴趣点，虽说并不多，可这并不妨碍她对周围的人有一个整体的评价。她知道的事情、说过的话、认识到的情况，最终都会具有影响力，因此她变得危险了，最后被杀死了。

鲁文：我猜想奥登西娅这个人物有一部分跟你在《纪事报》的工作经验有关，你当时接触到了很多与政治人物或秘鲁最有权势的人物的性生活有关的传言。

略萨：完全正确。在高压社会中，这样的情况是很常见的。什么东西越被禁止谈论，人们就越会在那些事情上放飞自己的想象力；审查制度刺激人们释放了想象力，谈论肮脏的事件、散布性方面的传言成了对官方高压政策的一种反应，而那些话题在官方领域无疑是不得触碰的。压迫刺激人们产生了好奇心和各种联想。这种情况在《酒吧长谈》中出现过许多次。

迭戈：奥登西娅这个角色也为我们展现了卡约·贝尔穆德斯的另一面。在处理政治乃至经济事务的时候，卡约总是表现得无精打采。唯一真正能让他精神焕发的就是去奥登西娅家，好像只有在那里，他才能获得在其他地方无法获得的激情。

略萨：卡约·贝尔穆德斯生活在一个非常大男子主义的社会里。他想要感到自己很重要，想要大权在握，拥有一个像奥登西娅这样的情人，让他感觉自己在社会金字塔中又向上攀登了几级，几乎到达极致。在大男子主义社会里，拥有情人——尤其是美艳的情人——就意味着跻身到了某个特定的社会阶层和经济阶层中，这是他在做红酒生意时做梦都想不到的。

卡约这个人物的有趣之处在于，他从来没想过有朝一日自己会获得这么大的权力。用博尔赫斯的话来说，卡约是个"和自己的命运不期而遇"的人：他性格阴暗，在一个小省里做生意。他的一个伙伴后来当上了共和国总统，突然有一天给他打来电话，邀请他出任内政部办公厅主任：这个职位本来无足轻重，可是卡约把它变成了大权在握的职务，他在那里下达高压政令，以此维持着政权的存活。就这样，一个可怜的魔鬼摇身一变成了位高权重的人。他曾经默默无闻，毫不起眼，是个连自己的生意都做不好的小商人，还和卖牛奶女人的女儿结了婚。他老婆长得很丑，没人愿意娶她。他后来变成了让人憎恨、惧怕的家伙，有权决定很多秘鲁人的人生方向、人身自由甚至是生死存亡。他竭力巩固自己手中的权力，找了个让人羡慕的情妇，因为奥登西娅是个足以让所有人垂涎的女人。不能说他爱上了她，但也不能说他对她没有任何感情：她是他的玩物，让他有满足感，让他能忘却自己的出身和周围的环境。在存在着巨大不平等的男权高压社会背景下，这种心态就更容易被我们理解了。

维多利亚·纳瓦罗（下文简称"维多利亚"）：奥登西娅让我想起了《谁是杀人犯？》中的阿德里亚娜夫人：两人都生活在男权社会中，都得利用这种男权工具来保障自己的生存。

略萨：在男权社会中，女性在性领域总是受害者，不过这也让她们拥有了某种特权。大男子主义把女性变成了寄生虫：她们不应该学习和工作，只应该依靠男人生活。在《酒吧长谈》所描写的时代，女人出门工作是会被人议论的：人们认为只有社会最底层的女人才会去工作，而且在外面干活的女人是很不体面的，女人就应该在家相夫教子。如果是身处中上层阶级家庭的女人，那就应该被养在家里。女人必须体体面面、忠贞不渝，但她的丈夫如果有钱，就可以拥有不止一个情妇。大男子主义分解了现实，扭曲了一切。有时，女性会接受社会强加给她们的这种生存条件，并以此为基础，发展自己的个性，拓展自己的行动。奥登西娅和阿德里亚娜是在那种社会的边缘挣扎求生的人。阿德里亚娜来自农村，身份很卑微。奥登西娅则属于中下阶层，情况要比阿德里亚娜好不少。但是奥登西娅同样生活在男权压迫之下：大男子主义剥削着她，最后要了她的命，虽然也给过她金钱、珠宝、华服和特权。大男子主义深刻影响着人与人之间的关系，这一点是不分性别的。

阿玛莉娅

拉腊：再来谈谈小说中的下层妇女吧。女佣阿玛莉娅也是一个很重要的角色。她来自传统家庭，很保守，尤其是在性方面。但尽管如此，她后来还是去奥登西娅家干活了，而且跟她相处得很好。

略萨：阿玛莉娅崇拜奥登西娅，在某种意义上，奥登西娅是她的女主人。不过二人之间的关系是不平等的，因为在奥登西娅眼里，阿玛莉娅只是个女佣，这一点到最后也没发生变化。这种态度很具有代表性：尽管主子们一直压迫着奴隶，奴隶却依然会爱自己的主人。这其实是一种很普遍的自卫机制：用人爱她的主人是因为，如果怀有憎恨，自己的感觉会更糟糕。对某人的爱和崇拜会让人更心甘情愿地接受自己的命运。

阿玛莉娅对所发生的事情并不是很理解：她的身份过于卑微，她的视野限制了她去观察这个世界。对她而言，奥登西娅是个高贵的阔太太，尽管读者们知道事实并非如此。阿玛莉娅看到奥登西娅衣着光鲜，在家里招待的都是些有头有脸的人物，认为这意味着奥登西娅也是社会顶层人士。阿玛莉娅的眼界和其他角色是很不一样的。

鲁文：你在其中设置了一个文学游戏，阿玛莉娅是很保守的，可在描写奥登西娅组织的聚会和纵欲行为时，你却是从阿玛莉娅的角度进行描写的，所以叙事视角显得很迷离。

略萨：很多事情，阿玛莉娅压根就不明白。她只是单纯地把它们讲述出来，但是她搞不懂发生了什么。能想明白一切的是读者。

鲁文：阿玛莉娅的视角中带有许多矛盾：她的伦理观很保守，却在描述着那些非常邪恶污秽的场景，而且对奥登西娅的崇拜使她觉得那些都是很正常的。

略萨：没错。同样的情况也出现在安布罗修和堂费尔民的关系中。安布罗修本应该憎恨堂费尔民，因为后者在不断压迫着他，无论是在体力活方面还是在性方面。可实际上并非如此，安布罗修对堂费尔民有一种近乎宗教性的崇拜，他认为正是他和堂费尔民之间的密切关系使得他获得了某些特权。因此，阿玛莉娅和奥登西娅之间的关系与安布罗修与堂费尔民之间的关系有很多相似之处。

伊翁

珍妮弗：我们在伊翁家里也能看到诸多大男子主义的表现，可是伊翁家和奥登西娅家还是不太一样。

略萨：伊翁家是高级妓院。在那个时期，秘鲁不仅有卑微的妓女，也有上层妓女，她们只为有钱人提供服务。

我想指出，如今的秘鲁已经和《酒吧长谈》所描绘的秘鲁大不一样了。如今家庭状况比较好的姑娘们都会进大学学习，接受专业训练，参与到社会经济建设中，有的还会在重要的管理岗位工作。可所有这些，在上世纪五十年代是不可能发生的。我们国家在许多领域都取得了长足的进步。虽说距离达到真正的男女平等还有很长的路要走，可即使是在发达国家，真正的男女平等也依然是不存在的。如今我们面临着许多问题，例如大男子主义，这是几个世纪以来一直根深蒂固的问题，在当今很多极为现代化的社会中也依旧存在。

阿伊达

拉腊：阿伊达是小说里唯一一个既跟资产阶级没关系又不是妓女的女人。

略萨：她是政治狂热分子，想要改变很多东西，在男权社会中不断挣扎着。

拉腊：对，但她同时也像是个物化的人物，圣地亚哥爱她，雅各布也爱她：她在小说中最重要的作用就是让两个男人同时爱上了她，然后二人开始较劲，看谁最终能拥有她。阿伊达似乎是整部小说中最强大的女性角色，可最终也物化了，成了两个男性角色争夺的对象。

略萨：我们谈到了一个很有争议性的话题。阿伊达这个人很清楚在自己的国家发生着哪些不好的事情，她想行动起来，于是她变成了狂热分子。好了，我们现在来讨论一下：这影响她谈恋爱了吗？

拉腊：当然不。她可以恋爱，而且她确实坠入了爱河。但有意思的是，小说里所有的女性角色都爱上了某个男性，但男性角色则并非如此：有一些男性角色在整本小说里都没有爱上过任何人。

略萨：就阿伊达的例子而言，有两个男人同时爱上了她，最后她选择了其中之一。

拉腊：对。

略萨：那我们就祝他们幸福吧！

小说的空间

《纪事报》

拉腊：我想问您一个关于《纪事报》的问题。我们知道在《酒吧长谈》里，小萨曾为这家报纸工作过。这家日报并不属于严肃媒体，也不会刻意去发表那些触碰红线的文章。您认为《纪事报》是非政治性的报纸吗？还是说我们在这类报纸中也能看到某些政治性的因素？

略萨：这个问题很有意思。我们能找到一份和政治完全无关的报纸吗？不仅是奥德里亚将军独裁政权，所有的独裁政权都希望人们对政治完全失去兴趣，希望所有公民不参与政治生活，而是把它交到那些有权有势的人手里。在奥德里亚将军统治时期的秘鲁，最安全的生活方式就是完全不过问政治。这就是《纪事报》的功能，或者说那个时期所有的报纸都是如此，不谈论政治，即使去谈，也只会谈一些无关痛痒、不会引起民众重大反响的事件。例如，报纸会报道说："部长先生进行了相关部署。"但是如果发生了什么政治敏感事件，媒体就会集体沉默。

奥德里亚统治下的秘鲁是没有政治生活可言的。共和国当时颁布了一条安全法，禁止一切政党活动，因此压根就不会有官方层面的政治生活。政治就是一言堂，一切都由奥德里亚政府来做主。我记得进入《纪事报》实习的一年前，假期里，我在父亲的公司帮忙，他在美国一家名为国际新闻服务（International News Service）的通讯社当负责人，后来这家机构被合众国际社（United Press）收购了。我充当跑腿工的角色，负责把新闻从国际通讯社送到《纪事报》报社，因为当时秘鲁的新闻都被垄断了。我记得通讯社的墙上贴了张纸，上面写着撰稿人员需要遵守的章程："所有源自国外的信息，若直接或间接涉及秘鲁，则必须在刊发前呈交政府部门审查。"每条和秘鲁相关的新闻都要先获得政府的发布许可。所以国际通讯社送到报社的稿子都是已经被审查过的，会给政府带来麻烦的东西都已经被过滤掉了。那时候的报刊媒体出于自身考虑，根本不会发布任何对政府进行批评的言论。

在二十世纪五十年代，所有的媒体都被掌控在有经济实力的家族手中。《纪事报》属于普拉多家族，那个家族很有势力，掌握着银行业和其他许多行业；《新闻报》属于农场主佩德罗·贝尔特兰。《商业报》属于米罗·盖萨达家族。这三个家族都和独裁政府走得很近，审查规则也是由他们几方共同制定的。

我把青年时期的相关记忆都写进了《酒吧长谈》。那时在秘鲁，年轻人要想参与政治就只能耍些花招，参加地下组织或加入那些不被法律许可的政党。在那样的环境里，报纸不是信息来源，读者们也都知道，报纸从来不会谈论政治领域的大事。广播电台也一样。我们对这个国家发生的一切一无所知，那种状况令不安于现状的年轻人十分绝望，而且他们坚持认为秘鲁完全没有达到现代民主国家的高度。我们在绝望的环境中生活着，始终带着沮丧的情绪，这也正是我在小说里想写出来的东西。

鲁文：我们知道小说中小萨给《纪事报》写的是什么类型的文章。那么你在给《纪事报》撰稿的几个月里写的都是怎样的文章呢？

略萨：我记得我写过一些可以署名的文章，因为《纪事报》里的文章一般是不署名的，除非是在周刊里面发表的文章，那些文章会更体现个人观点。我记得，例如，有一篇关于"cachascán"的文章，那是自由式摔跤的一个变种，是那个时期很流行的运动。我还记得写过一篇关于戏剧的文章，那个时代的秘鲁，看戏的人非常少。胡安·加古列维奇（Juan Gargurevich）在他的《马里奥·巴尔加斯·略萨：十五岁的记者》一书中还收录了其他几篇我已经完全遗忘的文章：有一篇和结核病有关，还有一篇抨击贩卖过期药的药店。

鲁文：秘鲁有不同类型的报纸，有一些比另一些更加严肃。在我看来，《纪事报》比较喜欢追求轰动效应。

略萨：这类媒体就像文学刊物一样：有幻想、怪诞和讽刺的因素在其中。严肃媒体试图表现现实，耸人听闻的报道则改变现实，使之变得更有趣，更能吸引读者。因此和客观媒体相比，追求轰动效应的媒体和八卦媒体更接近文学。

我在《纪事报》工作的时候，秘鲁媒体的典范是美国媒体，大家都照着美国媒体的样子去做。写消息的时候要先用两行文字简述新闻的关键点，然后写最重要的部分，继而把余下的部分写出来。按这个标准来看，秘鲁最现代化的报纸不是《纪事报》而是《新闻报》，因为它是最早这样写新闻的报纸。不过有一项铁律，无论是《新闻报》还是其他报纸都没有遵守：报道新闻时的客观性，不能掺杂个人感情因素，除非是专栏类文章。

报刊文章就像是如实反映现实的一块屏幕，这在一个没有自由的国家是不可能实现的。

有必要提一下的是，追求轰动效应的媒体一直都存在。从媒体行业创立之初就有一种趋势，那就是让报道不仅能提供信息，还能激发公众的好奇心：突出那些脱离现实的细节，为之增加更多的戏剧性。这种趋势一直存在着，只不过长期处于边缘化状态。举个例子，八卦媒体总会曝光私人生活的许多细节，而一般情况下，这些不会被展示在公众面前。可是人们对政治人物、艺术家、公众人物，还有其他一些人的私生活总是抱有很浓的兴趣。从很多年前开始，那些追求轰动效应的媒体就开始把注意力放到了这上面，如今还出现了专门报道这些东西的八卦媒体。现在的八卦媒体太火了，很难像以前那样区分八卦媒体和严肃媒体了。为什么？因为公众会施压，想让媒体更娱乐化，就算那些八卦消息侵犯了人们的隐私权也在所不惜。在我们这个时代，这种现象无论在发达国家还是欠发达国家，无论在教育水平高的国家还是教育水平低的国家，都很突出。

八卦媒体已经隐约出现在《酒吧长谈》里，我们是不是可以说，这一现象产生于第三世界国家？说实话，我不知道这个问题的答案。

鲁文：《酒吧长谈》里的记者都过着一种很放纵的生活。小萨和他的同事们结束工作后会直奔夜总会或妓院。

略萨：在那个时代，新闻行业和纵欲生活是不可分割的，记者就是夜生活之王。他们在晚上工作，习惯和其他夜猫子混在一起，我指的是那些出入酒吧、舞厅、夜总会和妓院的人。我所了解的记者世界就是那样的。记者们要在报社待着，等到最新一期的第一张报纸印刷出来，那时大概已经是半夜十二点或凌晨一点，然后会去酒吧，和其他报社的记者会合。有些记者很能喝酒，很多时候大家就在妓院过夜。记者是秘鲁夜生活的重要组成部分。随着时间的推移，这种情况已经发生了巨大的变化，不过在那个时代是这样的。

十九世纪秘鲁作家里卡多·帕尔玛①写过一本小说，书名是《我这个时代的纵欲生活》，里面描绘了诗人和作家组成的世界，而且他们无一例外地也都是记者，都靠写文章赚钱。我进入《纪事报》工作时，情况也是如此，大家从报社出来后，会在酒吧里泡上一整晚。记者行业是纵欲生活的一种表现，是秘鲁夜生活的重要组成部分。后来情况有所改变，记者这个职业变得和其他许多职业一样了，都需要先在大学或是职业学校里进行专业学习。在我那个时代，记者全凭不断写稿子来锻炼自己。很多作家和知识分子也会写报刊文章，为的是养家糊口。

巴勃罗·古铁雷斯（下文简称"巴勃罗"）：小萨和马里奥·巴尔加斯·略萨最大的区别就是，巴尔加斯·略萨最后从利马的记者行业中抽身出来了。就像您在《水中鱼》里写的那样，某个时刻到来了，您觉得是时候冒险离开秘鲁去欧洲学习

---

① 里卡多·帕尔玛（Ricardo Palma, 1833—1919），秘鲁诗人、历史学家、散文作家，代表作为《秘鲁传说》。

了。您觉得如果当时您留在秘鲁，您的生活会变成小萨那样吗？我是说，您的理想也会破灭吗？

略萨：我们永远不知道，如果我们在某个时刻做出不同的决定，我们的人生会变成什么样子。这种假设既不能被证实，也无法被驳倒。我当时一直想离开秘鲁，因为我觉得留在秘鲁，自己永远成不了作家，至少成不了我理解的那种作家，那种作家会全身心地投入到文学理想之中，把写作放在第一位，把最好的时间和精力都投入到文学创作中。在秘鲁成为那样的作家是不可能的：为了生存，我得做各种各样的工作。我当时想要逃走，想要离开。后来我得了奖学金，终于将这种想法转化成了现实。在国外，我慢慢地能真正按我所想的那样去实现自己的文学理想了。不过，要是说只有离开秘鲁才能当个好作家，也有些片面，因为也有许多作家没有选择离开，他们一直待在秘鲁，后来也成了很棒的作家。可是就我个人而言，我认为离开秘鲁到欧洲去是极为重要的，如果我没能离开，可能在心理上我会产生巨大的挫败感，可能最后就会变成另一个小萨。

"黑黑"酒吧
拉腊：《酒吧长谈》里有一个和美国媒体相关的细节很有意思。书里出现的夜总会之一，"黑黑"酒吧，里面有一面墙，糊满了《纽约人》杂志的封面。卡利托斯讲述他对报业的失望时，小萨盯着他的脸观察他，背景就是那面墙，就好像《纽约人》象征着严肃媒体、知识性媒体，而那种媒体是卡利托斯永远接触不到的。

略萨：对小萨来说，《纽约人》象征着在秘鲁之外还存在着另一种生活：一个没有独裁、没有审查、没有所有那些他在自己国家经受的巨大创伤的世界。

拉腊：《纽约人》封面出现过两次：先是出现在卡利托斯的那个场景中，后来在小说临近结尾时，小萨知道了父亲和安布罗修之间的关系，于是他来到"黑黑"酒吧，想要转移一下自己的注意力。此处的描写和那些封面第一次出现时的描写几乎一样：那些封面"反射着灯光，带着讽刺和嘲笑的意味，五光十色"。

米格尔·卡瓦列罗（下文简称"米格尔"）：《纽约人》的那些封面让我们感觉，在奥德里亚将军独裁时期，外面的消息还是可以传到秘鲁的。好像审查制度不会针对外国媒体，似乎外国媒体不具有威胁性。

略萨：那些年秘鲁还有一些东西是独裁政权特有的：民族主义情绪高涨，好像只有国内发生的事情才和秘鲁人有关，民众对国外的真实情况毫不了解。大部分秘鲁人对于自己没有的东西没有兴趣，但那些更有文化、更理想主义的群体不是这样，这种人的人数很少，而且很边缘化。从经济角度看，秘鲁在那些年里的发展是不错的：国际市场上，原材料价格上涨，使国家获得了经济收益，这也被独裁政府利用来进行自我宣传了。

米格尔：有没有哪种国家的模式是奥德里亚的秘鲁完全抵触的？

略萨：有一种右翼政权，它的主要愿望是保持社会稳定，保障经济利益。这不是传统的、有文化的右翼，也不是开明的资产阶级，而是刚好相反。秘鲁的富人都缺乏教养，他们唯一的文化就是酒桌文化，他们唯一在乎的事就是怎么赚更多的钱。那时几乎所有拉丁美洲国家都是一个样子，阿根廷和智利除外，那两个国家里确实有开明的资产阶级。

相反，那时的左翼则被教条式的马克思主义束缚了手脚，这种情况一直持续到古巴革命爆发。古巴革命发生之后，拉丁美洲的左翼突然有了一个新的典范，不过那是到了1959年才发生的。

在《酒吧长谈》里的故事所发生的那些年，拉丁美洲国家只有两种模式：要么是独裁，要么是斯大林主义。

结　尾

鲁文：《酒吧长谈》的结尾是文学史上最让人悲伤绝望的结尾之一。安布罗修讲完了他的人生，其中发生的事情没有最坏，只有更坏，他越来越穷，道德越来越败坏，到了最后，他说等到他和打狗队签的合同到期之后，他就找一份新工作，然后可能他的生命也就该走到尽头了。

略萨：这是小说的开头，这部小说的开头也正是它的结尾。

鲁文：这个结尾太让人难受了，给人永远无法摆脱腐朽的独裁统治的感觉。

略萨：整部小说的氛围都是很压抑的，这和秘鲁当时令人绝望的生活环境相关。在圣地亚哥那里，这种情绪直接影响了他的家庭生活。他父亲和政府关系密切，事业得到了独裁政权的支持，这让这个意识到自己国家的社会和政治问题的青年人感到十分沮丧、失落。我认为这就是整部小说所营造的氛围。我们这一代秘鲁人都经历过这种失落感，因为在我们从青年时期进入成年时期的过程中，我们这个国家里没有任何一家自由媒体，也没有什么政治生活。

鲁文：书中的这种悲观情绪和你在撰写《酒吧长谈》过程中的情绪是一致的吗？

略萨：我总是说，这本小说把我所有的情感都挖掘出来了。写这本书花掉了我三年多的时间，而且写作过程非常艰难。最开始，我觉得自己在瞎子摸象，写着不同的情节和片段，却不知道如何把它们联系起来。后来我在结构方面有了想法，也就是那组中心对话，从那时起，我写得就轻松多了。但是写这本书耗费了我太多的精力，终于写完的时候，我备感轻松。

小说在当时并没有获得成功，尤其和我其他的小说相比，很可能是因为它太难读。有趣的是，随着时间的推移，这本书的读者逐渐多了起来，多次再版。现在，这本小说比我其他所有的小说都更具生命力，它一点点地征服了读者。这让我深受鼓舞。如果要对我写的所有小说做一个评价的话，我认为《酒吧长谈》应该是我最主要的作品之一。

小说之外

迭戈·比维斯（下文简称"比维斯"）：我们谈到了《酒吧长谈》中的压抑氛围，那么您能不能谈谈您对秘鲁的看法的演变是如何在作品中体现出来的？

略萨：我写《酒吧长谈》时是很悲观的。我对秘鲁爬出其深陷的泥潭不抱什么希望。后来这种看法逐渐改变。在我最新的两本小说——《卑微的英雄》和《五个街角》里，我对秘鲁的态度已经不再那么悲观了，甚至变得乐观起来。

今日的秘鲁和《酒吧长谈》中的秘鲁完全不是一回事了，它变得更好了，这一点真是值得庆幸。那个时代的秘鲁是个独裁国家，如今秘鲁已经是民主国家了。它当然并不完美，可跟之前相比，已经取得了巨大的进步。我们享有信息，享有批评自由，这在那个时代是难以想象的。生活在当下的秘鲁，年轻人很清楚他所生活的世界是什么样的，他可以任意发表自己的观点，不必惧怕会被清算。现在的机会也更多，而且这些机会给予的人比以前更多，尽管仍然并非人人都能得到机会，因为我们国家还有相当一部分农村人口依旧处于非常边缘化的状态。不过总体而言，人们得到的机会更多了，这也为民主政体提供了更广泛的群众基础。有一些不切实际的想法，例如革命，慢慢已经被人们放弃了，现在只有一小群人还想搞这些。如今秘鲁人追求的社会类型各不相同，但对民主的渴求是一致的。这也加强了政治和社会的稳定性，进而促进了国家的进一步发展。当然，我们还有很长的路要走，但不可否定，秘鲁已经取得了巨大的进步，这也使得我不像写《酒吧长谈》那会儿那么悲观了。

米格尔：在政治环境得到巨大改善的前提下，作为作家，您是如何让自己不失去能量、激情和勇气的？《酒吧长谈》之所以能成为伟大的小说，也是部分因为您借由它发出了针对不公和腐败的呐喊。

略萨：伙计，我觉得无论在怎样的情况下，都会有刺激作家产生出想象力的主题。没意义的是费尽心思去描写已经不存在的现实。书写已经不复存在的问题，会使得文学作品刚被创作出来就失去了生命力。作家很难通过对某种已经完全消失的现实的书写，来让读者产生共鸣。很多文学作品之所以失败，就是因为它所描写的事物和读者的生活经验相差太大。文学必须描写鲜活的世界。即使是历史小说，如果不能让故事根植于鲜活的现实之中，也会显得死气沉沉。但文学中的现实总会将现实作一些变形，因为文学的生命力从来就不在于对现实的完全复制。好的文学会在现实的基础上添加一些东西，但它一定会尊重读者和作者之间的秘密协定："你去按照你的想法来创作故事，我则按照我们所生活的现实来理解故事。"

米格尔：我经常问自己：《酒吧长谈》除了讲述一个复杂的故事，是不是也在教给读者用批判性的方式来审视现实？那种打乱顺序的叙事结构不像是我们观察现实的方式，我们喜欢用更清楚、更简单的目光来看问题。一件事非好即坏，可能这也是独裁政权所希望的。

略萨：是的：好的小说总是在教给我们用更加复杂的方式来审视现实。伟大的小说告诉我们，表面化的事物无法表现所有问题，这种肤浅化实际上代表着欺骗性，要想理解这个世界，就必须深入现实，去发掘隐藏在行为和举动背后的机制。文学能够给读者带来快乐，让我们感觉享受，为我们展现语言的无限可能性，同时也会促使我们怀疑现实，指引我们试着去逾越事物的表象，看清个人、社会或政治事件背后所隐藏的东西。这种功能并非文学独有，所有的艺术形式都有这种作用。文化中所有创造性的表达形式都会在我们中间产生这种影响：让我们在观察现实、评判现实的时候不要过分天真。

鲁文：萨特有一篇关于"介入文学"的文章，他在文中指出：文学作品真正的政治价值不在于社会现实主义所传递的那种教导性信息，而在于能使得读者在阅读的过程中唤醒自己更强烈的批判意识。

略萨：那就是存在主义思想最伟大之处，它对我和我那一代人的影响很大。萨特告诉我们，文学并非单纯是用来取乐的，文学是读者理解现实的武器，因为它拓展了读者在伦理道德方面的视野。因此，无论是整体的文化还是单拎出文学来，这都是不可缺少的东西。

4.

《玛伊塔的故事》

　　《玛伊塔的故事》(1984)讲述了一位试图发起武装起义而遭受失败的老革命者的一生。这是马里奥·巴尔加斯·略萨对信奉暴力革命理论的左翼军人最细致的刻画。小说采用了侦探小说的形式，叙事人试图以对玛伊塔的朋友、家人和同志的采访为基础，重建玛伊塔的一生，直到小说的最后一章，这位老革命者才突然现身，亲口讲述了关于他人生的更多细节。

鲁文：《玛伊塔的故事》和《世界末日之战》一样，都是基于真实的历史事件写成。它描写了 1962 年发生在外省某城市的一次起义。为什么选择这一事件作为小说的出发点？

略萨：上世纪六十年代，我居住在巴黎，得知了发生在秘鲁的一桩不起眼的小事，但那件事令我印象深刻。事件的主人公是一名秘鲁老军人、革命者，之前曾加入阿普拉党，又改投了共产党，最后他受够了党内的宗派主义和教条主义，变成了托洛茨基分子。

列宁和托洛茨基曾是同志，后来两人之间产生了巨大的矛盾，深刻影响了革命的走向。列宁只想在苏联搞革命，托洛茨基却想搞一场世界性革命：用托洛茨基自己的话来说，就是"不断革命"。托洛茨基主义后来在拉丁美洲产生了巨大的影响，信奉这一理论的主要是仇视正统共产党的小党派。在秘鲁，托洛茨基主义者把共产党员称为"小萝卜"，意思是外红内白，因为当时有不少共产党员都是中产阶级知识分子，托洛茨基主义者则不同，他们大多来自工人阶级家庭。

就这样，我在巴黎得知了玛伊塔的事情，那个年迈的托洛茨基主义者参加过秘鲁所有的左翼组织，还自己组建了一个小政党，起名叫"T 工人革命党"，"T"代表着托洛茨基主义。在一次聚会上，他听一个口才很好的年轻人就武装起义的事夸夸而谈，于是心想："瞧啊，这个小伙子什么都不懂，但他充满热情，应该拉他入伙。"然后他惊讶地发现那个大谈革命、名叫巴列霍的小伙子实际上是个少尉。后来，玛伊塔开始约那个小伙子出来，试图给他洗脑，保证他能为其所用，还送给他宣传手册。可实际发生的事情刚好相反。

年迈的玛伊塔没能说服小伙子，反而是小伙子最终诱惑了玛伊塔，小伙子使他相信革命是可能的，继续走工会抗争的老路来赢得选举是行不通的，因为左翼政党永远都没有足够的钱去竞选总统，所以应该走进大山，开枪射击，以此来拯救被剥削的秘鲁人民。

所有这些都发生在古巴革命者走出马埃斯特腊山区、攻克哈瓦那的短短几年之后。老玛伊塔热情高涨，因为他第一次看到了行动起来的可能性。他一辈子都在发传单、组织罢工和游行示威，只要被抓住，就会被投进监狱关上一阵子。突然，他受到了这个来自官方的年轻人的感染，认为革命时机已到。他们决定在哈乌哈发动起义，哈乌哈曾经是殖民时期秘鲁的第一个首都，那座城市还具有象征意义，因为它总是和财富、黄金及矿业联系在一起：西班牙人本来一直驻扎在该地，也就是山区中心，但他们突然发现那里太偏僻了，而且周围有大量印第安人，于是迁移去了沿海地区。

年轻人认识好几个支持起义计划的军人，还说服了十几个同情革命的人，却没能得到共产党的支持，因为他们不想跟托洛茨基主义者有任何瓜葛。巴列霍少尉当时就在哈乌哈服役，还和当地的国立学校有联系，他说服了许多学生加入进来，在武装力量和各地的支援团体之间充当信使的角色。

起义的日子终于到来了，可是所有约定参加起义的人都不见了：没人愿意为革命赌上性命。因此玛伊塔和巴列霍，一个托洛茨基主义者和一个年轻的政府官员，决定独自发动那场疯狂的起义，唯一支持他们的只有哈乌哈国立学校的一些学生。他们就这样开始行动了。他们攻击了警察局，还搞到了一些枪械——尽管实际上他们这辈子从来没见过真枪，紧接着就向田野挺进了。警方立刻行动起来，在哈乌哈郊外终结了起义。巴列霍和许多学生死在了那里，玛伊塔受了伤，人们以为他也死了。

那个事件并没有在秘鲁引起巨大反响，因为人们认为那不过是一次小型的犯罪案件：压根就没人把它当作革命。但那个事件令我难以忘怀，我对玛伊塔这个老托洛茨基主义者特别感兴趣。这个人一辈子不停地进出监狱，为一场不可能完成的革命殚精竭虑。突然，出现了一个不负责任的年轻人，这个年轻人既不是什么专家，又压根就不了解马克思主义，仅凭一股盲目的热情就感染了玛伊塔，让他投入到了真正的武装起义之中。起义只持续了短短几个小时，最后通过一场对抗画上了句号。

就这样，我产生了写一个关于这位老托洛茨基主义者的故事的想法。我给他起了玛伊塔这个名字，实际上这并非他的真名。

鲁文：能给我们讲讲你搜集写这部小说的资料的过程吗？

略萨：一开始，我想讲玛伊塔和那个军人的相遇，聚焦于年轻人如何引诱老革命者；再讲讲起义的过程以及革命的悲剧性结局。可是当我开始着手调查、搜集熟悉二者的人的证词的时候，我发现他们给我讲的都是谎话：那些证人很明显为了洗脱干系而篡改了事实。

首先，所有人都曾承诺参与那次起义，后来他们害怕了，退缩了。他们的证词互不一致、抽象矛盾、谎话连篇，只需要把它们放在一起比对一下，就很容易发现那些话要么是假的，要么过分夸大。这让我改变了小说的走向。最后故事变了，不再是关于玛伊塔的一个故事，而是关于玛伊塔的诸多故事，是由他周围的人提供的不同版本的、关于他的故事，这同时也表现出对于历史事件的看法和证词的相对性，很难用不同人物和证人的主观话语构建出一个完全符合客观事实的事件。

没人知道玛伊塔后来怎样了：他消失了。因此在写这部小说时，我最初的构思是这个人物要么已经死了，要么逃到国外销声匿迹。当我快要写完小说时，得知玛伊塔不仅没死，而且就住在利马：他在卢里甘乔监狱被关了十年，那间监狱是那个时期的利马最重要的监狱。

于是我行动起来，搞到了进入监狱的许可。可是我到了那儿才知道玛伊塔在不久前已经被释放了，因为十年刑期已满。我见了监狱长，他带我去见玛伊塔在监狱里最好的朋友，玛伊塔曾和这个犯人一起在监狱里搞了个水果摊位。我和那人聊了聊，看得出来他不是很信任我。我说我正在写一本关于他朋友的书，想听听玛伊塔本人讲讲自己的经历。最后我终于说服了他。他对我说："好吧。我告诉你去哪儿可以找到他。他在一家位于观花埠的冰淇淋店工作，他在那儿卖冰淇淋。"当时我恰好就住在观花埠。

离开监狱之后，我直奔那家冰淇淋店。一进门，我就看到了一个男人，我知道那就是他。我走近他，对他说："你好，我是马里奥·巴尔加斯·略萨。我从两年前开始想着你的事情，我想象着你的情况，调查你的生活。"我从没见过像当时的玛伊塔那样吃惊的表情。他睁大眼睛盯着我，好像我是个疯子，因为很明显，他压根就不相信我说的话。我继续向他解释。我对他说道："好吧，我正在写一本跟你的经历相关的小说，至少我是这么想的，可是我所找到的资料很多是自相矛盾的，所以现在我搞不清楚你的经历到底是怎样的。因此我希望能跟你能聊一聊。"

起初，他也表现得对我很不信任。他病恹恹的，已经被生活击垮了。他后来对我说的话被我写进了小说的最后一章："'好吧，'他对我说道，'我给你一晚上的时间，就这样。我只给你一晚上的时间。然后咱们就永远别再见面了。永远。今晚我会给你讲我记得的所有事情。'"

我把他请到我家，一直聊到天亮。那场对话太令人难忘了，持续了差不多八个小时。我以文学的形式把那次对话写进了小说里。我觉得小说的最后一章是他替我写的。我本来想把小说的结尾写成另一个样子，但是他的突然出现完全改变了小说的走向。我从那次谈话中发现了什么？我发现了一个很不寻常的情况：关于哈乌哈的那次事件，我了解的情况比他还多。对他而言，哈乌哈事件只不过是他在漫长又复杂的一生中经历过的众多事件中的一个，而且不是最重要的那个。

我获得的有价值的信息是他在哈乌哈事件后被捕入狱，后来被放出来。之后他做的事就和政治或革命没有任何关系了。他最后一次被关进监狱是因为在一个五金店持械打斗，造成一人死亡。就这样，老革命者变成了普通罪犯。

他对后来发生的事情印象很深，但早就把哈乌哈事件抛在脑后了。此外，他还忘记了许多事情。我只好不断地纠正他。我向他展示了许多他从没读过的剪报，报上把那次起义写成了偷盗事件，说是几个贼进攻了警察局，目的是从那儿抢一些枪械。

他饶有兴致地读了那些消息。他依旧病恹恹的：又老又瘦，咳个不停。他整晚都在咳嗽，不停地喝水，还时不时地起身撒尿。牢狱生活把他整个人都毁了。

还有一件事让我印象很深，我发现他已经对政治毫无兴趣了：革命起义之类的事情已经从他的记忆中完全消失了。他一生中最感到骄傲的事情，就是在监狱里和朋友一起搞了个水果摊位。提起水果摊位，他一脸自豪，他说："我们自己洗水果。我们卖的水果都很干净。狱友们都很信任我们，有的还托我们帮他们保管财物。监狱里有很多惯犯、恶犯，他们之间甚至会动刀子，可就连他们也尊敬我们，把钱交给我们保管。我们对他们而言就好像银行。"那是那晚对我触动最大的事情。我感到有些苦涩，一个信奉托洛茨基主义的革命者已经不记得他读过的那些革命理论了，甚至连托洛茨基都不记得了。那就是玛伊塔的故事。

小说出版之后，利马的《面具》（*Caretas*）杂志调查了档案，公开了一张玛伊塔在哈乌哈时期的照片。可是我永远都不知道他本人的反应是怎样的，因为我再也没见过他，也再没听说关于他的任何消息。我不知道他后来怎样了，是继续留在秘鲁还是又被抓进了监狱。我连他是否读过那本小说都不知道。

历史背景

鲁文：我们能谈谈哈乌哈起义发生的时间点吗？那是1962年夏天，奥德里亚将军的独裁统治刚刚结束，曼努埃尔·普拉多刚被选为总统。古巴革命已经胜利，而且革命政府已经执政了三年，当年十月即将爆发与苏联相关的那场导弹危机。拉丁美洲的政治局势发生了翻天覆地的变化，当时的秘鲁已经和《酒吧长谈》中的秘鲁完全不一样了。

略萨：在古巴革命之前已经发生过几次失败的革命。在那个时期，马克思主义在实践上指导着共产党。当时也有一些社会主义政党坚持走和平路线，甚至有时想走民主路线：他们相信选举，认为通过投票或者通过在议会中获得多数席位的方式最终可以进入社会主义阶段。但是拉美各国的共产党都信奉马克思主义。在一些大国，例如墨西哥，共产党是一股真正的政治力量，是重要政党，在议院有一席之地，并对工会斗争有巨大的影响。

在其他拉美国家——无论是处于独裁统治、军方统治还是右翼统治之中——共产党都是非法政党：它们确实存在，但只能算是地下组织，因为美国施加的压力是很大的。冷战时期，美国推行反共政策，要求拉美各国政府都参加到反共斗争里去。而另一方面，拉美各国的共产党则依赖苏联，苏联向它们提供支持和指导。

需要强调一下，这些政党实际都不完全信任民主，认为民主是剥削者佩戴的面具，民主体系永远不能解决基本的社会正义问题，也不能解决巨大的经济不平等问题，而这些都是影响第三世界国家的最大问题。即使在秘鲁，共产党也是个小党，一部分是因为与之竞争的是阿普拉党，该党的全称是美洲革命人民联盟，创立者是维克托·劳尔·阿亚·德拉托雷，他很有雄心，想让阿普拉党成为属于拉丁美洲而非只属于秘鲁的政党。阿亚·德拉托雷出生在秘鲁北部省份，出身上流阶层，但其时家道已然中落。他口才很好，很有魅力。阿普拉党后来获得了广泛的群众基础，参与者大多是农民和工人。这极大阻碍了共产党在秘鲁的发展。此外，阿普拉党还因为对抗军方，发动了对特鲁希略市一处兵营的袭击而获得了大部分民众的支持。传言军人独裁者桑切斯·塞罗施行高压统治，下令在昌昌古城的废墟中枪决了几百名阿普拉党员，让古城染满了鲜血。

所有这些都让阿普拉党日益壮大起来，同时，在该党和共产党之间产生了巨大的敌意。这是很重要的历史背景，因为在1959年古巴革命胜利之前，拉丁美洲没有任何一场真正意义上取得胜利的革命。共产党试图在法律许可的范围内解决问题，想要组成一个左翼阵营联盟，在民主体制内进行活动，最后逐步从内部瓦解对手。

古巴革命的胜利改变了之前的模式：在拉丁美洲历史上，

第一次出现了这样的左翼力量：他们钻进大山，在敌人的无数次攻击下存活了下来，革命队伍发展壮大，最后历史性地推翻了巴蒂斯塔政府，建立了拉丁美洲第一个革命政府，在整个拉美大陆产生了巨大的影响。这就是《玛伊塔的故事》这部小说的历史背景。

鲁文：我们可以把哈乌哈的那场失败起义置于更广的拉丁美洲游击战背景中吗？

略萨：当然可以。玛伊塔和巴列霍少尉组织的那种起义在拉丁美洲的各个地区都出现过。古巴革命的胜利告诉人们可以立刻行动起来，而非一味地等待客观条件成熟。等待时机正是共产党之前的政策。切·格瓦拉则认为，如果发动革命的客观条件不成熟，那就把条件创造出来。怎么创造呢？钻进大山，组建游击队。通过这种方式可以立刻搭建起革命的基础：来自军方和警方的残酷镇压会立刻随之而来，并将伴有酷刑和屠杀，而这些将会触动整个社会，农民、工人、学生和知识分子就会加入武装斗争中来。在古巴发生的事情显示这不仅是一种理论，通过这种行动计划，会产生很具体的行动结果。

现实情况要更加复杂，因为古巴革命不仅仅和马埃斯特腊山区那些大胡子游击队员有关：那场革命获得了国际社会的广泛支持，许多地区都为那些奋起反抗巴蒂斯塔血腥独裁政权的年轻人鼓掌叫好，甚至在美国都有很多人支持那场革命：《纽约时报》记者赫伯特·马修斯（Herbert Matthews）亲赴马埃斯特腊山区，写出一系列以菲德尔·卡斯特罗为主人公的文章，把菲德尔·卡斯特罗和他的同伴们描绘成了浪漫的战士，认为他们在为自己的国家追求自由和正义。这些支持对古巴革命帮助很大。另外，在美国，还发起过多次募款活动，用这些钱购买武器，再把这些武器送到那些年轻战士的手中。

古巴革命显示，革命是有可能由一群勇敢的战士发动并取得胜利的。这刺激了游击队运动在整个拉丁美洲的兴起。在今天看来，事情并不像切·格瓦拉所想象的那样。风风火火的革命事业并没有出现，刚好相反，军事统治进一步加强，极力扼杀游击队运动，即使在乌拉圭这样有着民主传统的国家都出现了军事统治，以作为对图帕马罗游击队的回应。智利是另一个有着民主传统的国家，在那里出现了军事政变，推翻了萨尔瓦多·阿连德政府，建立起残暴的独裁政权[1]。从长远来看，游击队运动实际上造成了拉丁美洲的退化，它摧毁了不完美的民主体系，催生出更多的推行残酷高压政策的腐败军事政权。这也是这部小说的历史背景。

米格尔：我们继续聊聊历史背景这一话题。在《玛伊塔的故事》和《酒吧长谈》之间存在着一种平行性，写于六十年代的《酒吧长谈》讲的是五十年代失败的革新者的故事，而出版于八十年代的《玛伊塔的故事》写的则是六十年代失败的革命

---

[1] 1973年9月11日，智利以陆军总司令奥古斯托·皮诺切特为首的军人集团发动军事政变，推翻了以萨尔瓦多·阿连德总统为首的政府。阿连德本人在战斗中以身殉职。

者的故事。

略萨：《酒吧长谈》里的故事发生在古巴革命之前，那时在拉丁美洲还没有发生过成功的革命。

亚历山德拉·阿帕里西奥（下文简称"亚历山德拉"）：小说中的政治环境要比六十年代秘鲁的实际政治环境更加暴力。

略萨：确实如此：《玛伊塔的故事》中的秘鲁几乎好像是科幻小说中的国家，因为它已经大厦将倾了。

亚历山德拉：《玛伊塔的故事》中秘鲁那末日般的氛围，似乎也是对八十年代秘鲁的一种影射。

略萨：叙事者所做的调查并非毫无意义，那是为了解身处战争之中的国家现状所作的努力。那些宿敌——右翼和左翼、资产阶级人士和革命分子——正在摧毁秘鲁。因此叙事者在他的采访中寻找的也是在现实中存在着的诸多巨大疑问的答案：然后呢？正确的姿态到底是什么呢？善在何处？恶又在何处呢？那种现实充满了暴力，在玛伊塔失败的起义发生的时代，内战的阴影已经降临，但直到很多年后才激化。

《玛伊塔的故事》里所描写的秘鲁现实和1984年秘鲁局势之间的联系是很重要的。书里描绘出了一种末日般的氛围，那种氛围在现实中从来没有出现过，纯粹是虚构出来的；但它源自整个大陆饱受战争折磨的历史。

鲁文：我们可以说这部小说是对激进思想的批判吗？

略萨：秘鲁本身就饱受极端激进思想的困扰，例如"光辉道路"挑起的战争，那种思想造成了可怕的后果：接近七万人失去生命，数千村镇被毁，破败不堪的房屋和支离破碎的家庭随处可见。农民们的生活本来就够艰苦了，后来的境况则更糟糕了。极端思想是彻头彻尾的失败品，它激化了秘鲁社会的诸多问题。

还有一种智力上的、批判性的激进思想，倒是对秘鲁社会的发展有所助益，它控诉恐怖行径和贪污腐败，而这些正是这个国家乃至整个拉丁美洲根深蒂固的大问题。我们的国家，自然资源丰富，人民的生活水平本来应该很高才对，但是我们浪费了那些资源。在这些问题上刨根问底，无论是对秘鲁还是对其他任何一个国家都是有好处的，将会挖掘出更深层次的东西，揭穿谎言，揭示被遮掩起来的真实情况。我所说的这种智力上的激进主义可以在哲学上表现出来，也可以在思想、文学和艺术上表现出来。

文学技巧

鲁文：《玛伊塔的故事》和你其他所有的小说一样，没有以一个明确的日期来指出故事发生的确切年份，这是你有意为之的。叙事者不慌不忙地讲述着追踪的过程，但一直有意无意地不说出具体的时间。有心的读者会积累各种数字，直到最后，据之推算出某个人物的年龄或一个事件和另一个事件之间相隔的年数。你愿意和我们谈谈这种安排吗？

略萨：我不清楚这种写法的根源何在，但我总是会刻意避免在我的小说里提到具体的日期。我更想给读者一种模糊感。可是我也不知道为什么。我没有具体的答案。这种写法并没有遵循什么形式标准，但我的小说确实是这样的。

鲁文：但在你的小说里，时间就像一道数学题。读者进行加加减减，然后时间顺序便清晰起来了。很明显，你作为作家，自己手里肯定有一个框架，会在上面把时间标注得很清楚。

略萨：是的，不过那个时间框架是随着书写的进行慢慢搭建起来的。

鲁文：珍妮弗·薛写过一些很有意思的文章，专门研究这部小说里不同的叙事声音。她对我们说过："我们可以认为小说里有四五个玛伊塔，还有三到五个叙事者，因为很多时候我们无法分清玛伊塔和叙事者之间的界限。"

珍妮弗：是的：小说最开始就是叙事者的声音和玛伊塔视角同步出现。可在小说的最后一章，一切都反转了，读者发现玛伊塔只不过是一个虚构的叙事者所虚构出来的人物。

略萨：完全正确。这是一部多线叙事的小说，可是在最后汇成了一个故事。那些不同的故事混杂在一起，互相修正，互为补充，但有时也互相排斥，最后汇成了一个复杂多样、充满矛盾的故事。也许回头看去，所有的人生都是如此。当我们试着调查某个人的人生时，会发现其中的很多事件都缺乏连贯性，充满悖论，搜集到的证词永远都是很主观的，很多时候与那人的真实情况不符。除非是在极为特殊的情况下，否则人们的人生经历是很零散的。

珍妮弗：为什么有时候要把叙事视角切换到第三人称呢？

略萨：因为在叙事者在讲述故事的时候会穿插着许多出场人物各自的声音。这种技巧在现代小说里很常见。有一个主要的叙事声音，但其中又会出现其他许多不同的声音，每一个都有自己的个性特点。然后叙事声音再次把它们吞没，展现在读者面前的声音只剩下一个。福克纳在小说里经常使用这种技巧。这种叙事视角的突然转变，效果是很好的，它会在读者所了解的世界中制造一种巨大的不确定性：所有的事情都变得不那么清晰了，因为交杂在一起的不同声音都在讲述着故事。一个很好的例子就是《我弥留之际》，我至今仍然认为这是福克纳最好的小说之一，它讲述的是一家人带着一名家庭成员的尸体到另一个地方下葬的故事。家人们带着腐烂的尸体慢慢前行，小说

中的声音都是这些人物脑中所想之事，正是这些声音为我们展
现了队伍移动过程中每个人的心理活动。这些心理活动各不相
同，例如其中有一个的意志明显薄弱。它们搭建起了一个充满
矛盾的复杂故事。那部小说令我感到十分震撼，也许玛伊塔故
事的创作思路有一部分是来自对那本小说的结构的记忆。

人　物

叙事者

鲁文：你能再给我们说说《玛伊塔的故事》中的叙事者
吗？他也是小说中的一个人物。

略萨：叙事者总是故事中的人物，在所有小说里都是如此，
有时可见，有时隐而不见，但叙事者是整部小说的核心角色。
总会有人来讲述发生的事情，而那个人永远都不是作者，而是
作者创造的一个声音。作者消失了，他创造了一个叙事角色。
这个叙事者可能是出场人物，也可能是无所不知型的叙事者，
但永远都只是被作者创作出来的声音。

鲁文：《玛伊塔的故事》中的叙事者和小说中的其他人物很
不一样，实话实说，我觉得他很像马里奥·巴尔加斯·略萨。

略萨：这个叙事者希望写下关于玛伊塔的故事，他讲述了
自己创作那部小说的过程，搜集证词，调查资料，再加上一点

想象力，同时在书里注入了自己的个性。这个叙事者是不可见的，但又因为上述这些行动变得可见。

鲁文：《玛伊塔的故事》的叙事者没有姓名。没人叫出他的名字，但人们都知道他是一位知名的秘鲁作家，而且是国际知名的秘鲁作家。你能谈谈为什么决定让这个叙事角色身上有这么多你自己的影子吗？

略萨：那个叙事者是我以一种很自然的方式创作出来的。我慢慢地写，就像我写其他小说一样：我一边做着调查，一边记着笔记，但也不仅限于此。我也写一些小片段。然后叙事者慢慢成形，成了故事中的人物。在很多时候，他搜集证词的方式表现出各个人物之间是有联系的，或近或远，但都是在玛伊塔身上发生的那次事件的证人。必须有人把这些证词进行分类、结合，乃至和其他材料进行比对，这就赋予了叙事者某种主人公的使命，最后让他成为故事中的又一个角色。但这些都是慢慢成形的：我从来都不会对其进行预设，我也不希望故事仅由叙事者来讲述，而是故事本身慢慢把自己呈现出来，并赋予自身以某些特性。

玛伊塔

鲁文：玛伊塔是个革命者，但也是他所生活的社会中的边缘人士。他很穷，没有建立家庭，也没有工作。

略萨：这是一个很重要的方面。我发觉玛伊塔就是边缘化的代表：他一辈子都生活在社会边缘，从没有进入到社会核心阶层。他加入过共产党和阿普拉党，还为许多地下政党卖过命。突然有一时刻，我曾产生出了把他写成同性恋的想法。我对自己说："这将会是表现他身上那种绝对边缘性的最根本的方式。"在小说故事发生的那个时代，也就是六十年代，左翼，尤其是左翼共产党，是坚定地反对同性恋的。

《革命报》——菲德尔·卡斯特罗在山区搞游击战时期经营的一份报纸，后来成为了古巴官方媒体——的主编卡洛斯·弗兰奇披露，在最早的几次政府部门会议中，革命者们曾经提出过这样的问题："我们该拿同性恋怎么办？""革命政府对待同性恋的态度应该是怎样的？"这些问题在政府内部讨论了很久，后来最高领导层决定咨询其他社会主义国家的意见，他们咨询过苏联和中国，还有一些东欧的社会主义国家。古巴一直在这个问题上表现得有些犹豫不决，直到六十年代中叶，革命政府决定把同性恋抓起来，统统关进 UMAP 劳改营。

我得知 UMAP 劳改营存在之后，和古巴革命政府之间产生了真正意义上的第一个巨大分歧。我认识一群年轻人，其中很多人都是男同性恋或女同性恋，他们发起过名为"桥梁"的运动。他们支持古巴革命，相信新政府在性领域会采取更具开放性和容忍性的政策。可突然之间，他们就被抓了起来，然后被关进了劳改营。其中有些人自杀了。全世界众多的曾在那之前无条件支持古巴革命的知识分子站出来抗议相关政策。

我把玛伊塔设计成同性恋，是想借由他的身份在他和他的同志们之间形成某种冲突。小说出版之后，最猛烈的批评——

我认为《玛伊塔的故事》是我所有作品中被抨击最多的——就来自左翼团体，他们在那时依然是坚定的反同性恋者。我记得有一条评论是这么说的："他把一个革命军人写成了娘娘腔，这真是既荒唐可笑又让人害怕。"就好像同性恋是什么绝对无法接受的事情。那些文章表明对同性恋的蔑视和性歧视在拉丁美洲左翼人士心里是如此地根深蒂固。在这个领域里，右翼的表现也不见得好到哪里去。

鲁文：性的主题在你所有的小说中都有所涉及，从《城市与狗》到《五个街角》都是如此。不管是以何种方式，边缘化的性——很多时候是性领域最阴暗的方面——出现在了你所有的作品中。你对表现拉丁美洲社会中被边缘化的、离奇古怪的性行为似乎有着特殊的关注。

略萨：描写人物的性生活是一个绕不开的主题。我成长在一个对同性恋严重歧视的世界里，这使得同性恋者只能暗中活动，就像生活在地下墓穴中。关于他们，有各种各样的扭曲的想象。在我小的时候，对一个小男孩最大的侮辱就是骂他"娘娘腔"。这种情况现在已经有所改变，如今人们已经很难想象以前的五十年代那个充满偏见和谎言的世界了。在那些年里，尤其是在我入党的那段时间里，这个话题是连提都不能提的，他们和牧师把同性恋看作最极端的变态和堕落的行为。

例如，那时候从苏联传来一个古怪的理论，有一次我们在卡魏德党支部里讨论过它。伊万·巴甫洛夫认为，由于农村没有同性恋，所以同性恋是一种城市的堕落现象，是腐朽的资产阶级制造出来的恶习。因此，根据巴甫洛夫的说法，治疗同性恋的最佳方法就是让他们到农村去劳动，让他们生活在健康的、性取向正常的农民之中。他认为只要那些人去挤一挤牛奶，之后就会不再当同性恋了。这种理论今天看来十分滑稽，可在当时却是官方政策。后来在六十年代也被古巴借鉴了过来。

米格尔：虽说玛伊塔和圣地亚哥·萨瓦拉这两个人物来自完全不同的社会阶层，但二者之间存在着一种联系。圣地亚哥·萨瓦拉是个没胆量搞革命的人：他参加过革命组织，却又退出了。如果玛伊塔出现在《酒吧长谈》中，他会是一个怎样的人物？

略萨：玛伊塔是个穷人，来自于和工人阶级差不多的中下阶层家庭。他是在那样的环境中长大的，个性也是在那里培养起来的，上学的学校档次也很低。但他和安布罗修所属的社会阶层又不一样，安布罗修的情况比玛伊塔还要糟糕。

米格尔：我们能够设想玛伊塔考进圣马可大学吗？

略萨：当然：玛伊塔有可能会进入圣马可大学，在那所大学上学的人，大部分都来自他那个阶层。

米格尔：玛伊塔和圣地亚哥·萨瓦拉是同辈人吗？

略萨：玛伊塔的年纪要比圣地亚哥·萨瓦拉大很多。圣地亚哥和我的岁数差不多。也就是说，出现在《酒吧长谈》中的圣地亚哥要比发动起义时的玛伊塔年轻很多。玛伊塔进行那场革命冒险时已经几乎算得上是老人了。他和弗朗西斯科·巴列霍最大的差别就在这儿，起义时的巴列霍还是个二十二三岁的小伙子。小说里没有提及玛伊塔的年龄，但他年纪已经不小了，已经不适合搞革命了。这也是故事里很有趣的地方，由于巴列霍的出现，玛伊塔重新焕发青春。巴列霍用冒险精神感染了玛伊塔，在那之前，玛伊塔的政治活动中从没有冒险的元素。

小说的最初构思是：经验丰富的年老革命者试图发展一名年轻人加入组织，最后却受到那个年轻人的冒险激情的感染，加入了武装斗争。这个主题后来发生了偏离，因为最后小说讲述的是玛伊塔一生的故事。

夏洛特·威廉姆斯（下文简称"夏洛特"）：在小说中，有证词把玛伊塔描述得像个殉教者，在谈论他的时候，使用了类似宗教性的语言。

略萨：玛伊塔从小就信教，接受的也是教会式教育。这是一种很普遍的情况：有的人本来是虔诚的信徒，在他们放弃宗教之后，就需要继续信仰些什么，所以他们就会找寻某种截然不同的学说，用近乎宗教狂热般的热情去拥抱它。另外，马克思主义学说与之也很像，它试图解答所有问题，因为它是一种自给自足的机制。波普尔 ① 认为意识形态理论是难以被驳倒的，因为它们构建出的是一个闭环，而且要求绝对的信仰。

我不久前刚读完《改宗者对话录》，作者是两名智利作家：毛里西奥·罗哈斯和罗贝托·安布埃罗，两人都曾是共产党员，在皮诺切特军事政变中奇迹般地活了下来。他们流亡海外，随着时间的推移，逐渐成了自由派。罗贝托·安布埃罗曾是智利共产党员，毛里西奥·罗哈斯则加入过左翼革命运动（MIR），那是一个更加激进的组织。政变之后，安布埃罗逃到了东德，在那里和一个古巴姑娘结了婚，结果那姑娘实际是古巴革命领导人之一费尔南多·弗洛雷斯·伊巴拉将军的女儿。他们把他带去了古巴，在那里，他重新认识了社会主义。而且，由于妻子是革命领袖之女，他得以从内部观察发生的一切。他以那些年在哈瓦那的经历为基础，写出了一本很棒的小说：《我们的橄榄绿岁月》。要理解那些年在古巴发生的事情，这本小说是必读书。

毛里西奥·罗哈斯则更激进：他参加过左翼革命运动，这一组织的方针是进行武装革命，最后却在智利搞出了许多暴力事件。后来他流亡到瑞典，但仍和左翼革命运动有联系。不过在流亡岁月中，他也开始了学习：学了瑞典语，读了经济学本科，慢慢认识到左翼革命运动意识形态的问题，最后变成了自由派，这一点和罗贝托·安布埃罗一样。只不过他加入了瑞典自由党，还成了党代表。后来开始了政治生涯，致力于捍卫移

---

① 卡尔·波普尔（Karl Popper, 1902—1994），英国科学、哲学家，是当代西方最有影响的哲学家之一。

民权利，这一点很可贵，所有这些都是在一个和他自己的文化完全不同的文化氛围里做到的。他是一个很有思想的知识分子，写过很多关于古巴、阿根廷和尼加拉瓜的精彩文章。

就这样，这两位之前互不相识的作家聚到了一起，以对谈的形式把他们的故事讲了出来。这本书读起来就像冒险小说，讲述了他们从青年时期到今时今日的思想变化，也讲述了他们在智利的斗争岁月。我们读这本书可以很好地理解那个时期被左翼军人和知识分子掌控的拉丁美洲，玛伊塔的故事就发生在那时。

利图马

夏洛特：利图马班长也出现在了《玛伊塔的故事》中，这个角色后来在《利图马在安第斯山》及其他几本书里都出现过。为什么你会选择在这么多部作品里让这个角色出场呢？

略萨：利图马班长和席尔瓦中尉出现在许多故事中。我也不知道为什么。在我最早的几本小说里，利图马已经出场了。我每次写小说就会想起这个人物。这确实很有意思，但连我自己都无法解释原因。此外，这个角色是安第斯山区人，一个可怜的警卫，和伟大毫不沾边，但他是个好人，心里怀有很强的正义感。他时常回归出现在许多故事中，我笔下的其他人物却并非如此。我唯一能说的是，我很喜欢利图马这个人物。

夏洛特：这个人物有什么现实原型吗？

略萨：以我的记忆而言，是没有的。圣马可大学有位女学生写过一篇关于我作品的论文，我惊讶地发现她在里面提到了一篇据她所言是我在皮乌拉上中学的最后一年所写的文章。我不记得自己写过那篇文章，到现在依然没想起来，也没找到那篇文章，但是她说那篇文章刊登在《工业报》上，里面提到了皮乌拉市政府的一名警卫，很像是利图马的原型。我外祖父曾在皮乌拉政府部门工作，我在十岁到十一岁这段时间经常出入市政府。据说在那篇文章里，我提到了自己是怎样和那个警卫交上朋友的，还讲述了他用唱歌的方式来追求一位在政府部门工作的姑娘的故事。他唱的是那个时代的流行歌曲，例如《漂亮的洋娃娃》，而且他的嗓音很棒。那篇文章的最后一句话是："我记得他叫利图马。"因此那篇论文的作者认为我小说中的利图马的原型就是他。可所有这些都是在我读到那篇论文时才知道的，当时我对自己说："可能现实中真的有个利图马吧。"

珍妮弗：读者应该把每部小说中的利图马看作同一个人吗？还是说他们其实是不同的角色。

略萨：我认为出现在不同故事中的利图马，基本上人物形象是一致的：他是警卫，一个有正义感的、身份卑微的人。大部分情况下，都有某种力量推动着他按照正确的方向前行。他在丛林里待过，年轻时曾游戏人生，是一个游手好闲的人。他喜欢弹吉他，也去奇恰酒铺里跳舞。某日，他在一家妓院和人玩俄罗斯轮盘赌，一个农场主最终丢了性命，因为这件事，他被关进了监狱。后来他当上了警卫，被派往秘鲁国内的不同地区任职，其中的一次冒险被我写进了《利图马在安第斯山》。后来我又写他去了丛林地区，那是《绿房子》里面讲到的故事。然后他回到皮乌拉，又经历了一些冒险。他在《绿房子》这部小说的结尾也出现过，在我近年写的小说《卑微的英雄》里也有出场。这个人物的经历，基本上是连贯的，人物个性也大致相同。他是一个好人，虽说做过些粗鲁、出格的事情，但他的内心是善良的。

鲁文：你没想过写一本小说专门讲述利图马所有的这些经历吗？

略萨：只讲利图马？没有，我没有这个计划。但我也没有放弃让他继续出现在我后面的小说里，尽管他没在我最新的小说《五个街角》中出现。我不认为我会创作一部只写利图马的小说，因为他是一个次要角色，一个常规人物，没那么重要，就像是街头路人或其他在生活中匆匆而过的什么人。福楼拜把他们称作"那些像桥梁一样的人，因为你和他们有短暂的交集，然后就离之远去"。这个说法有点可怕，我是说"人物-桥梁"的说法。他帮你跨越某条小溪，然后你就把他抛在身后，不会再多看他一眼。

哈乌哈：起义之地

拉腊：玛伊塔第一次到哈乌哈的时候，认为那里是秘鲁革命的摇篮。在其他场景中，他又把哈乌哈与黄金及结核病联系到了一起。您能谈一谈您是怎样把哈乌哈的传说融入到这部小说当中的吗？

略萨：十九世纪的时候，人们相信哈乌哈的气候有助于治疗结核病，许多结核病人被送到了哈乌哈，今天依然能够找到当时被用作医院的那幢楼房，在那里接诊了成千上万来自全秘鲁的病人，既有富人，也有穷人。这使得后来出现了许多玩笑话，称哈乌哈为结核病之城。后来人们发现那种说法并不可靠，哈乌哈的气候对治疗结核病没有明显的帮助。在那之前的殖民时期，哈乌哈一直和矿产联系在一起：秘鲁的黄金就出自那里。

拉腊：小说里把结核病写成了神话般的事物，像是被文学和浪漫主义的敏感特质神话化了。

略萨：没错。许多写于十九世纪的小说，也就是写于浪漫主义和现代主义的时代的小说，都以哈乌哈作为背景，而且结核病是经常会被写到的主题。作家们都去模仿托马斯·曼，都想写出秘鲁版的《魔山》，幻想着哈乌哈是拉美版的达沃斯，那座接收所有结核病人的瑞士城市。阿布拉汉姆·巴尔德洛马尔（Abraham Valdelomar）的《结核病人之城》就是例子。

我年轻时在报社工作，有一天，我和主编佩德罗·德尔比诺·法哈多聊天的时候，他告诉我，他小时候得了结核病，大人就把他送去了哈乌哈的医院。那段经历对他影响很深，后来他还出了本小说，书名叫《裸者疗养院》，里面提到了科赫①古怪的细菌理论。

珍妮弗：哈乌哈是发动起义的地方，但是对于叙事者而言，这座城市也象征着某种和平和宁静。第九章的结尾处有这样一段描写：

> 我正要去睡觉的时候突然听到了某种有节奏的响声。不，不是夜莺在鸣叫；是风声，是风卷起帕卡湖的湖水，水滴撞击在旅店平台上发出的嗒嗒声。那柔和的乐声和哈乌哈布满星辰的美丽夜空象征着这个安逸的国家，这里的人和善又幸福。谎话，都是些骗人的鬼话。

略萨：帕卡湖就在哈乌哈市郊。我当时去哈乌哈采访当地的居民，问他们对那场起义还有什么记忆，结果却是那个高山湖泊的美景给我留下了深刻的印象。满月倒映在水中，一片宁静、和平、幸福的景象，和那个地区的历史恰好相反，那里一直是暴力、血腥、压迫、贫穷和闭塞的代名词。哈乌哈是一座非常贫穷的城市，但曾经是财富的象征，这可真是一个巨大的讽刺——虽然城市周围仍有很多古老的金矿，但走上街头目之所及尽是极端贫困的景象。

---

① 罗伯特·科赫（Robert Koch，1843—1910），德国细菌学家。

结　尾

鲁文：《玛伊塔的故事》的最后一章让整部小说其余章节中所描写的故事变得可疑起来。读者原本以为自己已经搞清楚了玛伊塔究竟是个怎样的人、在他身上发生了什么，可突然之间大家发现，之前所有的信息可能都是假的。

略萨：玛伊塔一出场，现实就闯入了虚构。他的出场出人意料，他本人的证词使得一切都有了巨大的反转。

鲁文：事实上，就玛伊塔是同性恋这个话题而言，在全书的访问调查中，几乎已经确认为事实，最后却出现了反转。在最后一章中出场的玛伊塔看上去是反同性恋的。

略萨：世界上所有的偏见都集聚在了这个人物身上。小说的最后一章是对现实与虚构的交界点的评价，之前的章节则是虚构成分居多：叙事者进行创造和添加，空白处就用想象力去填补，最后由现实对其进行纠正。最终的效果是把虚构的成分理清：我们可以看到那些成分互相掺杂又互相排斥，或者说互相补充。

珍妮弗：除了在最后一章加入对玛伊塔本人的访谈之外，和玛伊塔本人的对话有没有促使您对于之前的故事进行修改？

略萨：我写最后一章的时候，小说已经基本写完了。当然我肯定还会作一些修改，来避免某些显而易见的自相矛盾的细节出现，但是书已经基本写完了——如果我没有发现真正的玛伊塔还活着，小说肯定会在第九章就收尾了。

我感觉把那次见面写进小说里很重要，它会令小说的现实感更加强烈。我是这样想的："如果玛伊塔出现在这里，你和他去谈话，就会发现他将是小说里的又一个人物。"

我的每一部小说的创作过程都像是冒险。在调查取材的过程中会出现很多有意思的材料，因此我在开始写一部小说时总喜欢先去做调查，因为我知道肯定能慢慢找到许多比最初的写作计划更加丰富的材料。

小说的接受情况

迭戈：您在前面提到过这本小说是您所有作品中受到最粗暴对待的。您如何看待评论界所表现出的对这本书的敌意？为什么他们要恶意对待这本书而不是其他书？

略萨：我认为这部小说被粗暴对待的主要原因是在那个时期，也就是八十年代中叶，左翼势力依然不习惯接受批评。如今他们的防卫意识依然很强，但至少已经开始做一些自我批评，也更宽容。在那些年里，左翼很僵化，固守着意识形态方面的东西：那是一种教条主义的机制，认为自己可以解答所有问题，解释一切现象，而不承认自己的失误。《玛伊塔的故事》出版时，用意识形态幻想自欺欺人、不接受现实的左翼势力对它发起了猛烈的抨击。

除此之外，就像我刚才提到的，可能对这本书的批评火力最集中之处还是玛伊塔似乎是同性恋的人物设定。我说"似乎"，是因为在小说最后我们发现，他并不是同性恋，那只是证词所提供的众多版本中的一个。但是革命者有可能是同性恋这个想法本身被视为巨大的丑闻。

鲁文：对这部小说最强烈的批评声是来自秘鲁吗？

略萨：在全世界都出现了严厉的批评。不仅是在拉丁美洲，在西班牙也一样。批评声主要来自歧视同性恋、没什么宽容心的左翼人士。

鲁文：那本小说的译本也引起过类似的争议吗？

略萨：其他语种的评论界对此比较和缓，但是西班牙语世界的敌意很强。这本小说成了意识形态论战的焦点。我一直很好奇真正的玛伊塔到底读没读过这本小说。

种　族

马利斯：在《玛伊塔的故事》里，就像在您的其他小说中一样，种族问题也有突出的重要性：谁是白人、谁是乔洛人都写得清清楚楚，尤其当叙事者试图重构起义的时候。

　　略萨：在秘鲁——在大多数拉丁美洲国家都是如此，种族问题是一个被遮遮掩掩的话题，不被曝光，却时刻影响着人们的行为。在我们这些国家，种族歧视问题非常严重，体现在方方面面。不仅因为白种人自认为比黑人、印第安人及乔洛人更优越，还因为黑人自认为比混血种人的地位更高，或者印第安人觉得自己比黑人更优秀。歧视是自上而下的，同时也是自下而上的。另外，官方一直在装傻。官方的策略是否认种族歧视问题的存在，坚持声称我们人人平等。经济因素也会影响到如何定义谁是印第安人，谁是黑人、乔洛人或是白人。纯正的白人在秘鲁已经很少了，几乎可以忽略不计。有的人认为自己是白人，因为只要是有钱人，就会比没钱的人更"白"。金钱可以把人漂白，贫穷则会使人"乔洛化"。如果你是穷人，像穷人那样生活，那么你就不可能是白人，你会越来越"不白"，最后变成一个乔洛人、混血人、小印第安人。一个有钱的黑人几乎可以算得上是个白人。歧视不仅关乎肤色，也关乎金钱。一个有钱的乔洛人可以算白，不会有人再像对待乔洛人那样对待他。还要说一下那些提醒我们注意种族的行为，例如地域主义文学。在三十年代的秘鲁文坛出现过乔洛主义流派：无论是短篇小说还是长篇小说，都聚焦于乔洛人的生活，把乔洛人当作秘鲁社会的根基，因为乔洛人创造出了克里奥尔音乐、舞蹈和饮食。也就是说，那些代表秘鲁文化的东西都是由他们创造出来的。

　　但是所有与种族相关的问题都被灵活处理了，几乎都见不得光。例如，我们经常会见到有人在打架的时候辱骂对方是"臭狗屎乔洛人"或"小白人佬""白人孬种"。这些情况在日常生活中随处可见，都是些常用说法，但官方是绝对不会承认这一点的，因为他们坚持认为在这个国家不存在种族歧视问题。实际上，在所有拉丁美洲国家，甚至在全世界所有国家都存在着种族歧视问题，在所有国家都有种族方面的偏见，它让一部分人觉得自己比其他人更高贵，而依据仅仅是肤色。在我的小说里经常会出现这个主题，它是我的作品里恒定的主题之一。

幸运的是我们在不断进步，不仅在秘鲁，在整个拉丁美洲都在不断进步。和二三十年前的情况相比，如今种族歧视问题的影响范围已经小了很多。问题依然存在，不过已经缓和了许多。我年轻时，政治分化问题也很严重，如今同样缓和了很多，这都要感谢这些年来的民主实践。我认为这种经验对整个拉丁美洲都有借鉴意义。我们取得了真正的进步，虽说距离理想中的状态还很遥远，但是我们必须意识到这种进步。如果我们拿今日的拉丁美洲和四十年前的拉丁美洲相对比，会发现在各个领域都取得了巨大的进步。如果我们按照理想状态来进行评判，那么确实依然存在许多缺点需要去弥补，但不容置疑的是，如今的拉丁美洲已经以一种戏剧性的方式取得了巨大的发展，我儿时的拉丁美洲已经不能与之相比了。我们向前跨出了好几大步。

意识形态上的清教主义

维多利亚：巴列霍是在一次聚会上认识玛伊塔的，当时除了玛伊塔之外，所有人都在跳舞，因为他不喜欢跳舞。有意思的是，实际上是玛伊塔不希望巴列霍发现他没什么节奏感，好像那会让他失去威望。

略萨：玛伊塔是个清教徒般的人：他不喜欢跳舞，反对任何形式的娱乐。我确实认识像他那样的革命者，就像个牧师，把自己的全部精力都投入到了武装斗争中，不允许自己有一丝放松，因为在他看来，放松就意味着背叛理想。这种态度极具宗教特征：要创造一个不一样的世界，一个陆地上的天堂。

鲁文：菲德尔·卡斯特罗也是这种人吗？

略萨：菲德尔·卡斯特罗是那种典型的革命者，总是把未来、平等世界、团结友爱和真正的自由挂在嘴上。可实际上，那种乌托邦和圣·奥古斯丁 ① 在《上帝之城》中描述的不一样。

鲁文：这部小说在形式上也下了功夫，还用到了许多纪实报道的写作手法，几乎可以算得上是对这种文体的戏仿，仿佛做调查的是个记者。最后，故事的主人公有权利去修改故事，可以把自己的想法加诸于事实之上。

略萨：这本书不仅在讲故事，而且在讲构思故事的过程。

---

① 圣·奥勒留·奥古斯丁（Saint Aurelius Augustinus，354—430），古罗马帝国时期天主教思想家。

它告诉我们作者是怎样通过对现实的调查，结合想象力，逐步把故事写出来的。

马利斯：在一个场景中，坎波斯议员对叙事者说，他会知无不言，因为叙事者要写的是虚构小说——尽管实际上他似乎并没有像自己表示的那样真诚。我想问的是您在真实生活中是否也有类似的经历？人们知道你写的是虚构小说而非纪实报道，所以大家会更容易对您敞开心扉吗？

略萨：这个问题很好。我认为是这样的，人们跟我说话时，通常是很自由的，因为大家想着我不是要用他们的话来写纪实报道，这种文体对真实性的要求很高，而我是要去写虚构小说。可令我印象最深的是，人们在与我交流时，总会试着做出**事后**评价。例如有人说："拉上四个人跑去搞革命太愚蠢了，简直就是在自杀。"尽管所有证据都表明这些和我对话的人支持过那场起义。还有一些人曾经是玛伊塔的朋友和同谋，现在却指控他是美国中央情报局的特工。我发现他们的证词受到后续历史进程的影响，当然也是因为那次革命失败了。

忧　郁

基莱·伯林（下文简称"基莱"）：在《玛伊塔的故事》中，和在您的大部分小说中一样，主人公似乎都被巨大的忧郁气息所笼罩。那种悲伤的感觉源自何处？

略萨：这个观察很到位。忧郁这种情感在我的小说里是一个基础，就像某种原材料。和所有小说家一样，我也是凭借记忆来写作的。我的脑海中总会储存着某些画面，最后它们会变成我的小说的出发点。在创作的过程中很难不生出怀旧之情，想起青年时代就让我感到忧郁，所以每次创作以那个时代为背景的小说时，这种情感就会凸显出来。这种忧郁的情感是小说故事的情感背景，尤其是那些以过去事件为出发点写成的小说，更是如此。那些时代，怎么说呢，是我亲身经历过的，尽管我的生活体验和小说中的人物很不一样，但是背景是一致的。因此在我的小说里，逝去的童年、少年和青年时期促使了怀旧情绪的出现，进而会影响到小说中人物的个性。

最后一句话

鲁文：能跟我们谈谈小说的最后一句话吗？"那时我突然想到，一年前我开始写这本小说时就曾提到过这些逐渐吞噬秘鲁首都市区的垃圾，那么现在就以它们作为故事的结尾吧。"

略萨：《玛伊塔的故事》的开头和结尾都着力于对垃圾堆的描写。这是一个悲伤的结尾，因为整本书所描写的故事没能脱离那些吞噬着一切的垃圾。

5.

《谁是杀人犯?》

　　《谁是杀人犯?》(1986)以发现一具惨遭折磨之人的尸体为开头，进而引发了对该案件的深入调查。利图马班长和席尔瓦中尉走访了该地区的所有居民，包括敏德劳上校在内。敏德劳上校是该地极有权势的军人，后来成了主要嫌疑人之一。小说最后以该人物的自杀作为结局，但案件不了了之。"如何发现真相"是该小说提出的最主要问题之一。

鲁文：和《玛伊塔的故事》一样，《谁是杀人犯?》也是基于真实事件创作的小说，同样发生在秘鲁，同样是一则不起眼的消息，然后你为了写这部小说也进行了深入的调查。

略萨：是的：《谁是杀人犯?》中所描述的事件是真实发生过的。这本书的创作根源是一名年轻空军士兵的失踪，他看上去是个非常普通的小伙子，没有任何引人注意的特点。突然有一天，人们发现他死了，而且死前受过折磨。后来进行了调查，直到有人说曾经撞见这个小士兵和空军基地长官的女儿在约会，然后这个案件就不了了之了。

那个时期的秘鲁依旧处于奥德里亚将军的独裁统治之下，军人是不可冒犯的。所有人都认为，正是由于小伙子爱上了空军基地长官的女儿，他才受到了惩罚，最后被谋杀。这起案件永远结不了案，调查被中断，案件被掩盖。但是流言四起，人们心里揣着很多问题：到底发生了什么事? 掩盖案件是因为涉及军人吗? ……这就是我写这部小说的原因。

真实事件发生在塔拉腊，皮乌拉海岸一个非常小的城市，我1946年去过那里，1952年又去过一次。那座城市很有名，因为那里有一家做石油出口生意的加美合资公司，还有个空军基地，也就是那个小伙子失踪的地方。我讲述的故事以士兵尸体被发现为开端，而且他在死前受到过非人的折磨。

小说采取了侦探小说的形式。我故意围绕着那起死亡事件设计了几个谜团，然后利图马再次登场了。每个情节开始时，利图马都会出现，推动故事的发展，就好像他在对我说："不，您没能好好利用我这个人物。您在之前的小说里都没给我安排重要的角色。现在我又来了,我能继续发挥作用。"在我所创造的所有人物中,他是出场次数最多的,对此我也无法进行解释。

《谁是杀人犯?》本来应该是短篇小说,但最后成了一部短小说。其实《潘达雷昂上尉和劳军女郎》也是如此:一开始我想把它写成篇幅很短的故事,可我不断地感到有一种力量牵引着我,去扩充、充实那个故事。每次我开始书写时都会出现这种情况:哪怕我的初衷是写一个清澈、通透的故事,但最后还是会一点点地复杂起来。那是一种趋向迷宫、疑团和复杂之物的天性,使得故事更具有紧度和深度,情节和线索也越来越多。

皮乌拉

鲁文:《谁是杀人犯?》的故事发生在皮乌拉地区,这座城市出现在你的多部小说中,在你的回忆录里也有提及。能给我们讲讲这座城市在你的作品中的地位吗?

略萨: 皮乌拉是秘鲁北部城市,临近秘鲁和厄瓜多尔边境线。我和这座城市的联系非常密切。有意思的是它对我个人的发展产生过很大的影响:我只在皮乌拉住过两年,而且不是完整的两年,只在学期中,我才住在那里。我是在十岁或十一岁的时候来到皮乌拉,在萨莱斯教会学校读小学五年级。五年级下学期,也就是小学的最后一个学期,我转到了皮乌拉圣米格尔学校学习,那是一所国立学校。我其实只在皮乌拉待过几个月，但是我写那座城市写得很多：《绿房子》和《卑微的英雄》的故事背景都在皮乌拉；在我的第一本短篇小说集《首领们》里，五个故事中至少有三个是发生在那里的；我的戏剧作品《琼加》的故事背景也是那座城市。

皮乌拉对我的影响很大，我也不知道该怎么解释。还有一次经历对我也有着同样的影响，那就是我在1958年在亚马孙雨林中持续两周的调研，虽然时间不长，可是我的三部小说的创作灵感都来源于那次旅程。皮乌拉在我的记忆中留下了大量画面，这些画面后来也都成了我创作故事的素材。

为什么是皮乌拉？可能因为它给予我最早的关于秘鲁的记忆。尽管我出生在阿雷基帕，可才一岁时，家人就把我带走了，我的整个童年时期都是在玻利维亚度过的，因此我对我的家乡没什么印象。和许多久居海外的家庭一样，我和我的家人都有一股浓烈的思乡之情，总是梦想着要回到秘鲁。我就是带着这种渴望成长起来的，而当梦想成真时，我所居住的第一座秘鲁城市就是皮乌拉。那里的景色和柯恰潘巴的安第斯山区景色完全不同，这给我留下了深刻的印象。皮乌拉周围都是荒漠，沙土会像雨水一样落在房子上。那座城市不大，从某些街角就能望见荒漠，风吹动沙丘改变着形状，于是眼前的景色不断变化。

我十岁左右来到皮乌拉，记得学校里的同学们嘲笑我的口音，因为我说话就像玻利维亚人，也就是所谓的山区人。他们取笑我，不停地对我发"sh，sh，sh"的音，因为山里人总是把"s"发成"sh"。"山区佬，你是山区佬。"他们这样喊我，嘲笑我的说话方式。于是我问我母亲："我是秘鲁人啊，他们为什

么要嘲笑我?"他们让我觉得自己像是个外国人,这让我非常
难过。

皮乌拉是和我的青葱岁月联系在一起的。在性方面,我直
到十岁依然一无所知,在那个时代的秘鲁和玻利维亚,这种情
况是很常见的,和现在很不一样,如今十岁的小男孩已经什么
都懂了。看上去有些不可思议,可我在那个年纪真的依然相信
小孩子都是白鹳从巴黎叼来的。我以为不仅是我,而且拉丁美
洲的其他所有我的同龄人都是这么认为的,因为在性方面,我
接受的是一种极为封闭、保守的教育。

我记得有一天下午,我和学校里的几个同学到河里游泳,
他们开始谈论性的话题,我这才慢慢发现白鹳把小孩子从巴黎
叼来的说法是假的。我从朋友们的对话中得知了事情的真相。
一想到我也是那样出生的,我就感到震惊。我当时想:"太可怕
了,怎么可能呢!那就是性?太恶心了!太肮脏了!"这在我心
里造成了巨大的创伤,这种创伤持续了很久。也许正是这种骇
人的揭示方式,使得皮乌拉始终在我的记忆中保持鲜活,不断
地为我的写作事业提供素材。后来我逐渐接受了现实,慢慢开
始觉得那种事并没有那么让人反感,我后来甚至觉得其中蕴藏
着某种美。

现在我已经老了,但皮乌拉留给我的那些画面依然鲜活,
促使我不断地虚构与之相关的故事。我觉得我以后依然会写作
以皮乌拉为背景的小说,尽管那个地方如今已经不存在了,因
为我记忆里的那座城市——规模不大,周围都是荒漠——如今
已经不复存在了。荒漠已然变成了许多小型灌溉农场,现在目

之所及尽是绿色。事实上，皮乌拉是整个秘鲁在这些年里进步最大的城市。在《卑微的英雄》里，皮乌拉已经是一个完全不同的城市。

语　言

鲁文：能聊聊这部小说中所使用的方言吗？

略萨：秘鲁人说话的方式千差万别：从语音语调就能立刻辨别出一个人来自哪里，不过随着现代化进程的发展，这样的地区差异性已经在被逐渐抹掉。可是在我小时候，皮乌拉人的说话方式还是很有特点的。我从来都不想写如临摹绘画般的文学作品，也就是过度强调某种说话方式的作品，因为我觉得在我们那个时代，过分突出本土特色极大地伤害了拉丁美洲文学。但是在《谁是杀人犯？》中，皮乌拉人说话方式的那种音乐性在帮助我塑造当地氛围方面起了重要作用，因此在这部小说中，和《绿房子》与《卑微的英雄》一样，我持续但同时有节制地使用了当地方言。

"有节制"是什么意思呢？指的是可以使用方言突出某个人物的地域性或时代特点。但很重要的一点是，方言不能喧宾夺主，不能把人物吞噬，使得方言本身成了故事的基础。这种情况在本土主义和地域主义等试图凸显当地色彩的文学流派中里经常出现。我不希望故事围着某种语言形式或表达方式展开；我希望表达方式服务于突出人物的语言特色、心理特点及行为动作。因此，尽管我用了很多当地方言或具有特殊音乐性的表达方式，就像在第一句中的那个例子一样①，我总是很注意保证真正重要的、基础性的是故事和人物，而非具有当地特色的语言。这就是现实主义文学和民俗文学的不同之处，在后者中，民俗性要凌驾于文学性之上，在秘鲁文学和拉丁美洲文学发展过程中的好几个时期都可以看到这种现象。

鲁文：我们再来谈谈"jijunagrandísimas"的例子，这是小说的第一个词吧？故事用这样一个词作为开端，确实让人有些错愕：

> "我的上帝啊！太可怕了！"利图马嘟囔着，他感觉自己快要吐了，"小瘦子，他们都对你做了些什么啊。"
> 那个年轻人被吊死在一棵老豆角树上，姿势极为扭曲，像稻草人。

略萨："jijunagrandísimas"也可以理解成"臭婊子养的"。这个词里，把"h"这个字母换成"j"，力量感就出来了②。带有两个"j"的"jijuna"听起来很暴力，既粗俗又有力量。这同时又是一种避免提及"母亲"的委婉粗话，尽管无论是谁一听到这个词就能感觉到这是人们能说出来的最脏的话。

---

① 即本书第一章中提到的"jijunagrandísimas"的例子。
② 西班牙语中，字母"h"不发音。

鲁文：为什么你决定用这个词作为小说的开端？

略萨：原因有很多。首先，我想表明这个故事发生在底层社会，这样的用语会多次出现。一个更有教养的人会说"他妈的"而不是"臭婊子养的"。皮乌拉读者，或者说秘鲁读者，一眼就能理解故事发生的社会背景是怎样的。

鲁文：这是皮乌拉方言吗？

略萨：不，全秘鲁都这么说，至少在我年幼时是那样。我记得我去上学的时候，学校里没人说"hijo de puta"①，因为那种表达太恶劣了，大家都说"jijuna"。因为没提"婊子"之类的字眼，这种粗话听着就和缓多了。可以看到这个词的后半部分被省掉了，一些东西被隐藏起来了。

对这个词的使用也预示着后面将会出现的可怕暴力，这种暴力是贯穿故事始终的。

文学技巧：隐藏的材料

鲁文：你在这部小说中运用了你称之为"隐藏的材料"叙事技巧。故事情节中有一些基本要素一直没有获得解答，例如书名中的那个问题：谁是杀人犯？理解故事的某些最重要的信

---

① 意为"婊子养的"。

息都被隐藏起来了。

略萨：是的。海明威说过，他在写一个以主人公的自杀作为结局的故事的时候，发现了艺术的秘密。他不知道该怎么写，于是只好不断地重写，直到他突然想到，可以把故事中最核心的事件隐藏起来，也就是不把主人公的自杀写出来。他发现缄默其实可以表达很多东西，那是一种很有力量的缄默，把读者推到了悬崖边上，让读者不断地问自己到底发生了什么。因此，将由读者来决定主人公到底有没有自杀。海明威在短篇小说和长篇小说中都经常使用缄默的技巧，他隐藏了很多东西。例如在《杀人者》中，两名杀手来到一座美国城市，打听着他们并不认识却要杀死的人的情况，因为他们收了钱要做掉他。那人的一个朋友得知此事，跑去警告他，对他说道："快跑吧，有人来杀你。"但那人动也不动，似乎正在等着别人来杀他。这对于我们理解隐藏重要信息的技巧而言，是一个很好的例子，因为我们不知道那个男人不逃走、选择被杀的原因是什么。这个故事有一部同名改编电影，是唐·希格尔导演的，罗纳德·里根还在里面出演了一个配角。电影拍得很好，因为是从其中一个杀手的视角讲述故事的——犯下凶案之后，他对自己说道："我杀过很多人，当一个人得知有人要来杀他时，反应一般是逃走、害怕、哭泣或反抗。总之会直面这种威胁。但是像这个人一样静静等死的人，我还从来没遇见过。我们刚才杀死的这个人身上有一种很奇怪的东西。"于是这个杀人者开始调查这个毫不反抗的死者的情况，这才得以知晓那个他原本一无所知的人的人生和身份。电影中还加入了另一重反转，是海明威的原版小说中所没有的：知道死者的身份之后，杀人者打算去杀掉雇他杀人的那个坏人，他对那人说："我现在知道那人为什么不反抗了。因为他已经死了。您在二十年前就杀了他，以残忍的背叛的方式。您夺走了他的妻子，给他安上了他压根没犯过的罪名。他从那时起就已经死了，而我杀死的是一个死人。"这个改编很棒，实际上，海明威的那个故事可以有无数种解读方式，他仅仅把故事的框架提供给我们，需要读者们积极地参与，把故事写完整。

《谁是杀人犯?》借鉴了那种创作理念。我年轻时曾如饥似渴地阅读过海明威，尤其是他的短篇小说。如果说我的哪本书受到过来自海明威的遥远影响，那么肯定是《谁是杀人犯?》。这种影响不是体现在写出来的东西上，而是体现在那些没有写出来的东西上：这部小说中有许多要素被我隐藏起来了。

人　物

敏德劳上校

鲁文：《谁是杀人犯?》中有一个人物让我想起了《酒吧长谈》里的卡约·贝尔穆德斯，我指的是敏德劳上校，他是空军基地的军人，也是个滥用权力的政府官员。

略萨：他是一个恐怖、残忍、可怕的人。

鲁文：但是敏德劳没有卡约·贝尔穆德斯可怕，他似乎在最后一刻悔悟了。尽管小说的结尾很是模棱两可，但其中一种读法是，敏德劳最后被唤醒了良知。

略萨：小说结尾确实有模糊性。如果敏德劳是一个乱伦的杀人凶手，读者可能会难以接受。读者的反应总是防御性的：如果在读者面前出现的是一个完全邪恶的人物，读者就会被那种邪恶性所感染，防御机制就会启动。也就是说，他会选择不相信，他会说："不，这太夸张了，真是难以接受。这事儿永远不会发生在我身边，可能压根不会发生在现实生活中。"所以得设计一下如何应对读者的防御机制，这样，故事才能被他们接受。

因此我给了小说一个模棱两可的结尾，读者会问到底发生了什么：一切都是患有精神分裂症的女儿想象出来的？还是患有精神分裂的是敏德劳本人，因为他总表现得像是有双重人格，面对家人是一种而面对公众是另一种？这些问题的答案都交给读者自己去写。如果我赋予这个故事不可辩驳的唯一的结局，故事就会有"显得不真实"的风险，因为敏德劳这个人物会显得过度邪恶，读者会拒绝接受他，进而排斥这个故事。

鲁文：这部小说会引发我们对"现实"这一概念的思考。究竟什么是现实？我们如何建构现实？最后我们心里会留下许多没有明确答案的问题，读者要自行解决太多不确定的东西。我们唯一知道的就是敏德劳朝自己开了一枪，自杀了。

略萨：对：那场自杀是小说中真实发生的，但是还有许多情节没有明确的结局。

阿德里亚娜太太

鲁文：现在我想聊聊另一个片段，几乎是在《谁是杀人犯?》的结尾处，出现了一个戏剧性的场景。席尔瓦中尉在整部小说的大部分时间里都表现出对村中饭铺老板娘阿德里亚娜太太的爱慕之情，但后者从不理睬他。一天，他下定决心到她家里去，强迫她就范。可结果那个女人太豪放了——要比席尔瓦中尉或读者想象的还要豪放得多，最后被制服的反而是席尔瓦中尉。

略萨：阿德里亚娜太太是个很有心眼的女人：她羞辱了中尉、制服了中尉。她用心理学的方式打赢了那场战斗。

鲁文：那个场景非常复杂。我想我们应该重温一下阿德里亚娜太太给利图马讲述的席尔瓦中尉来访的情景。这样我们就能看出她是怎么用语言这唯一的武器把中尉吓住的。阿德里亚娜太太回忆说：

（席尔瓦中尉）给我讲了一堆花里胡哨的废话（……）。"我已经不能再这样整天焦虑地生活下去了。我想要你想得快发疯了。这种欲望让我没法好好过日子，我已经忍到极限了。如果我不能占有你,我就找一天自杀,或者把你杀了。"(……)

"我把衣服一脱,脱了个精光(……)。我对你的上司说了些他做梦都想不到的话,"阿德里亚娜太太解释道,"或者说,对他说了些他做梦都想不到的下流话(……)。好了,那么,我就在这儿,你还等什么呢?还不快脱,小乔洛?"阿德里亚娜太太声音颤抖,满是轻蔑和愤怒。她挺起胸脯和肚子,双手叉腰。"还是说你害臊了,不敢露给我看?是因为你那玩意太小了吗,小伙子?来嘛,来嘛,赶紧的,把裤子脱下来露给我看看!来啊,来强奸我啊。让我看看你是不是男子汉。来连续干我五次,我家男人每天晚上都是这么干的。他老了,你还年轻,你肯定能破了他的记录。我说的不对吗,小伙子?来干我啊,来上六次、七次。你觉得你不行吗?(……)来吧,小伙子,把裤子脱了,我要看看你的那玩意儿,我想瞧瞧它到底多大,看看你能做几次。八次行吗?(……)他惊呆了,你要是在场就好了(……)。当然了,他到最后也没把裤子脱下来,"阿德里亚娜太太说道,"他身上的那些欲望全都烟消云散。"

"阿德里亚娜太太,我不是来让你嘲笑我的。"中尉这样喊道,羞得无地自容。

"当然不是……你来这儿是为了用你的枪吓唬我的,是来强奸我的,想觉得自己是个男子汉。那就来强奸我啊,超人。来啊,快来啊。来连续强奸我十次啊,小家伙。真那样我还开心了呢。你在等什么啊?(……)"

我的疯劲儿把你上司吓跑了，他夹着尾巴逃跑的时候，还伴着不知道从哪里传来的音乐声呢。这个鬼东西，还装出一副可怜巴巴的样子（……）你瞧瞧他那低声下气的样儿吧（……）。现在连我都觉得有点可怜他呢。

略萨：在小说里，这个场景也是交叉描写的：阿德里亚娜太太和利图马讲话的部分用的是现在时，而对席尔瓦中尉的来访进行描写时用的是过去时。这个场景的篇幅较长，很滑稽，和可怕的士兵谋杀案产生对照。阿德里亚娜太太的故事里出现了很多脏话，但很有幽默效果，使得脏话的口语性增强了。

鲁文：有一个画面很有趣，在阿德里亚娜太太做出了一系列粗鲁的行为之后，席尔瓦中尉回应说："您没有权利这样对我。"好像他已经忘了自己此行的目的是要强奸她。

略萨：是啊，席尔瓦本来想着会遇到抵抗，认为阿德里亚娜太太会受到惊吓，但是那个女人迅速从心理上战胜了他。读者发现，其实席尔瓦中尉并不是坏人：换成别人的话，可能就冲上去打她了，而席尔瓦中尉却在精神上被阿德里亚娜太太击垮了。

鲁文：我们在这一幕中，可以看到在你的作品中多次出现的一个主题：语言拥有改变现实的力量。阿德里亚娜太太以话语为武器，既保护了自己，又打消了席尔瓦心中的邪念。

略萨：我不记得在哪里读到过兵法里的一种说法，懂得以彼之道还施彼身的将军才是一个好将军。一个老到的将军懂得如何利用敌人的力量，加上自己的胆识，进而反过来击垮敌人。那个场景中的阿德里亚娜太太就是这么做的。一个男人来到她家，目的是要强暴她，她的应对之策是表现得比那个男人更直白，就好像是她通过语言取得了本属于席尔瓦中尉的力量，然后又把力量反作用到了席尔瓦本人身上。她用了许多很粗俗的表达方式，那些话本来只有男人会说，从她嘴里说出来就显得更粗鲁、侵略性更强了，即使席尔瓦中尉说出同样的话，也不会产生相同的效果。她太粗鲁了，中尉被吓傻了，根本不知道该作何反应。阿德里亚娜太太的智慧就体现在这里。有趣的是，最后她还笑了，自己把自己逗乐了，以略带挑逗的方式结束了那一段，她对利图马说："替我向中尉道个好啊。"这个举动能更好地表现出阿德里亚娜太太这个人物的淘气与聪明。

阿莉西娅

米格尔：这部小说中的其他女性角色都没有阿德里亚娜太太这样的能力，例如阿莉西娅，她就缺乏这种运用语言在男权社会谋得生存的能力。事实上，她几乎生活在身边所有男人的阴影下。阿莉西娅属于很高的社会阶层，但是她似乎更难以应付秘鲁社会的大男子主义倾向。

略萨：阿莉西娅是一个很神秘的人物。很难搞清楚她什么时候是善意的、真诚的，什么时候是心怀不轨的。她到底对自己的所作所为有怎样的认识，我们也不清楚。我们唯一知道的就是她的文化素养很高，比其他人物的层次高，可这些都没能让她强大起来。有时候她看上去十分脆弱，尽管据她父亲的说法，她是一个破坏力很强的女人。真相到底是什么？我也不知道：每个读者都有属于自己的答案。

真相问题

鲁文：《谁是杀人犯？》告诉我们，对公众而言，客观事实有时候并不是那么容易让人接受。读者知道敏德劳自杀了——这可能是这部小说中为数不多的确凿无疑的事情，但是周围村子里的人都不相信，这部分是因为他们觉得有权势的人是不会自杀的：如果他们死了，那肯定是死于谋杀。你能和我们谈谈村民的这种不信任感吗？为什么他们宁愿相信自己的幻想也不愿意相信事实呢？这个场景似乎是对你参加总统竞选时的遭遇的一个预言：那时候也有一个村子压根不愿意相信明摆着的事实。

略萨：我觉得发生在所谓的公众舆论中的神话化过程是很值得玩味的。公众舆论有时候会造成奇特的后果：真相变成谎言，谎言反而成了真相。有些东西是人们不愿意相信的，同时他们愿意相信一些并非真相的东西。这种情况的最好体现就是文学。很多时候，文学版本的历史会凌驾于真实历史之上，把真实历史替代掉，就像《战争与和平》这本书所经历的事情那样。这部小说无疑是一部巨著，读者们相信书中的情节就是现实中发生过的事情，尽管无数历史学家已经证实，托尔斯泰写这部小说时采取了相当自由的创作态度，现实要比小说中的描写更复杂或更简单。没有任何一个读过托尔斯泰这部作品的人会认为现实中的那些战役和他的描写不一样。文学替代了现实。维克多笔下的滑铁卢战役也是一个例子。《悲惨世界》把那场战役刻画得太精彩了，最后，读者们都觉得历史上的滑铁卢战役就是那样的。专家们已经证实事实并非如此，但那部小说的说服力太强了，把谎言化成了现实。这就是文学的作用：转换现实。

公众舆论凌驾于现实之上时，或者说公众舆论将真相转化为谎言或是把谎言化为现实时，会出现某些更复杂也更阴暗的情况。这在全世界都是很常见的问题，可是在有独裁统治、有歪曲真相传统的国家，这个问题更加严重。在那些国家里，真实与谎言的界限会逐渐消融，就像在拉丁美洲发生的情况一样。在我们这片大陆，政治上的真相与谎言混淆到了不可能将二者区分的地步。《谁是杀人犯?》讲的就是这样的故事，人们拒绝相信敏德劳上校已经自杀。村民见惯了没有调查结果的罪行，也见惯了暴力凌驾于法律之上的情形，因此他们对真相始终抱有怀疑的态度。讽刺之处就在于，真相已经被揭示出来了，可他们只把真相当作又一个谎言。

鲁文：你参与的乌楚拉凯（Uchuraccay）屠杀事件调查小组

的调查报告，也遭受过这种质疑。

略萨：是的，那次事件和这个话题很有关系。我们先来简短地回顾一下那次事件吧。八十年代初的时候，"光辉道路"在整个秘鲁进行了大量暴力活动。首先是在阿亚库乔，那是位于秘鲁中部的安第斯山区城市，后来变成了恐怖主义运动组织的大本营。有一天，一条大屠杀的消息传到了利马，屠杀发生在很遥远的地方，发生在伊基查人生活的区域。伊基查人生活在阿亚库乔高原地区，在山区海拔最高的区域，他们的生活方式非常原始。一队记者——几乎清一色是左翼记者——出发前往阿亚库乔调查屠杀事件，可当他们到达乌楚拉凯时，全都被残忍地杀害了。

这件事成了一桩大丑闻，人们认为军方应该为此事负责。左翼媒体指责说，这起罪行和之前对农民的屠杀都是士兵做下的。需要指出的是，当时军方在全国各地都开展了针对"光辉道路"组织的剿灭行动，据说发生过多起军人杀害保护"光辉道路"分子的农民的事件。因此媒体把乌楚拉凯记者遇害事件也归罪到了军方头上，公众舆论要求严惩凶手。

时任总统贝朗德·特里是人民行动党党员，是通过民主选举当选为总统的，他任命了三个人组成调查小组：一位记者学校的校长、一名很有威信的法律学家和我。我们三个人奔赴阿亚库乔，在那里针对军方、工会负责人和政治领袖做了好几个礼拜的调查，然后去了乌楚拉凯。那次经历实在让人印象深刻，因为我们和当地居民代表进行了一场会面，在那场参会者个个情绪激昂的会议上,他们对我们说:"没错,是我们杀了他们,因为我们当时以为他们是恐怖分子,我们以为他们是'光辉道路'分子。"

那么,梳理一下,真相究竟是怎样的呢?"光辉道路"分子为了躲避警方和军方的围剿,藏身于海拔最高的区域,而那恰好是伊基查人的聚居区。伊基查人的生活方式依旧非常原始,他们在十九世纪初还在和西班牙人结成同盟,来与独立人士作战。他们因为敌视独立运动的领袖,所以捍卫殖民统治。伊基查人有悠久的暴力传统。"光辉道路"分子逃到那里,居住在那些区域——那里的居民极端贫困,和曼塔罗谷地的居民完全不一样,相较而言,后者已经算得上很富裕了——以这些农民种植的粮食和饲养的动物为食,还把他们的孩子掳走进行训练,强迫他们给游击队送补给。这些行为使得伊基查居民区和"光辉道路"组织之间出现了对立关系。

曾经多次出现过当地农民被"光辉道路"分子杀害的事件,因此伊基查的居民联合当地其他居民区,约定共同对抗"光辉道路",这不是基于意识形态方面的原因,而是因为那些游击队员已经变成了那些贫困人群肩上的沉重负担。此外,他们还想避免与警方及军方产生纠葛,因此他们独立面对"光辉道路"分子,俘虏过四十多人,并把他们全都杀掉。他们杀死了这么多"光辉道路"分子,因此始终紧绷神经,等待着"光辉道路"的回击。他们很害怕对方回来采取报复行动。这一切,利马都不知情,或者说,所有阿亚库乔高山居民区之外的人都对此一无所知。

就在那时，八位记者在向导的带领下出现了。他们对当地发生的事情毫不知情，只想调查被归罪到军方头上的农民被杀事件。他们一到那儿就提各种问题，这激起了当地居民极大的怒火：他们围住记者，开始用棍棒攻击他们。许多记者会讲克丘亚语，他们试图进行解释，但根本无济于事。最后他们全都被打死。

这就是我们调查出的结论：是当地居民杀死了记者，因为他们当时神经紧绷，把记者当成了"光辉道路"分子。除此之外，他们还喝了很多奇恰酒，所以当时很多人都处于醉酒状态。那不是一场有预谋的针对记者的凶杀案，只是一场意外，一部分是因为之前到那里去的不是军人就是"光辉道路"分子。由于记者的穿着一看就不是军人，所以当地居民误以为他们是"光辉道路"分子。

那就是事件的真相，可是没人相信。调查组的成员遭受到了难以想象的恶毒攻击：人们指责我们撒了谎，和军方勾结，编造了一个谎言出来，说我们站在军人那边，和政府一个鼻孔出气，欺骗公众舆论。多年以后，藤森独裁政权下台之后，政府再次建立了真相调查委员会，领头人是天主教大学很有声望的哲学教授，委员会成员有社会学家、医生和精神病学专家。这个委员会递交了内容翔实的报告，他们的结论和我们在二十年前得出的结论一模一样。尽管委员会做了大量的调查工作，可时至今日依然很难让秘鲁人，或者说秘鲁社会舆论相信调查结果。事情就是这样，因为农民杀害记者这种事，在大众观念里是被无法接受的。人们有一种偏见，觉得只要是涉及农民的凶杀案，背后元凶肯定是军方。

不可否认，军人犯下过诸多罪行，但乌楚拉凯事件不是他们做的。很难让人接受这一真相，因为找不到具体哪个人是罪案的元凶。然而事实就是如此。可是事实真相在严重受到意识形态影响的社会舆论面前往往一文不值。一个人深信某种理念，当他发现现实和那些理念严重冲突时会怎样？合理的做法是改变先入为主的想法，但人们往往倾向于固守己见，反而要去改变现实。乌楚拉凯事件和《谁是杀人犯?》的故事有很紧密的联系。

鲁文：我们能说调查组的三个成员扮演了书中席尔瓦中尉的角色吗?

略萨：是的，当然可以。

略萨：和席尔瓦中尉一样，调查组的三位成员一心想找到真相，并不求什么回报。他们不接受经济报酬，也不接受政治或其他方面的好处。但还是没人相信调查结果。

略萨：最后的调查结果不符合大众预期。相反，调查结果激化了矛盾，人们把对军方的仇恨转移到了委员会成员身上。在很多年里，乌楚拉凯事件和"勾结军方"的指责，都像不断重现的噩梦一样困扰着我。

鲁文：《谁是杀人犯？》中有一个场景，席尔瓦中尉对利图马说："没有什么事情是好做的，利图马。有些真相看上去无懈可击，可一旦反复推敲，凑近观察，就会发现它变得半真半假，或彻底变成假的。"

略萨：是的，确实如此。

鲁文：在《水中鱼》里，你讲了类似现象的另一个事例：藤森的支持者用虚假的指控来污蔑你，你的团队则用理智的方式，用真实的材料来进行澄清，最终获得了知识分子的信任，可大众舆论并不买账，他们更倾向于相信那些虚假的指控。

略萨：这个问题在世界各个国家都有体现，但主要取决于社会文化的发达程度。在有的社会里，用谎言来替代现实和文化是很困难的，公众舆论更难被操纵。当然了，即使在那种社会里也会有谎言存在，不过比起文化欠发达社会，情况要好很多。

对现实的客观看法影响最大的是意识形态，或者说是带有政治性的信仰和偏见。先入为主的情境在一边，真实的情况在另一边。当后者和前者不符的时候，占上风的通常是前者。

乐观态度

鲁文：《谁是杀人犯？》在你的全部作品中具有重要的标志

性作用。在它之前的小说全都展现一种非常负面的态度，认为秘鲁的政治现实异常黑暗。《酒吧长谈》就是最好的例子，那部小说所描绘的世界毫无希望可言。在小说的第一页，主人公圣地亚哥·萨瓦拉就对我们说秘鲁倒霉了，而在小说最后，所有的人物，不管他们的政治地位和社会地位如何，全都在道德上沦陷了。《谁是杀人犯?》虽然也展现了一个充满腐败、暴力和逍遥法外现象的社会，但我们还是在席尔瓦和利图马这样的人物身上看到了一丝希望，他们很正直，不贪污，不搞暗箱操作之类的玩意。那种乐观态度慢慢扩展开来，后来愈发强烈，尤其表现在《卑微的英雄》和《五个街角》中，这两部小说描写了现代秘鲁相当积极的形象：民主制度已经得到巩固，经济有了发展，社会各阶层都获得了更多的机会。《谁是杀人犯?》是你最早表现出这种希望的小说。它出版于1986年，也就是你参加总统大选前的几个月：在那些年里发生了什么让你觉得秘鲁的现实状况正在好转？

略萨：我当时对你所说的那种乐观态度毫无察觉，尽管后来有评论指出，从那部小说开始，我原先的小说中表现出的消极态度、阴暗性和对秘鲁现实的猛烈批判弱化了很多。这很准确，可我本人在写这部小说时对这种变化毫不知情。我想的是另一件事：我觉得这个故事太残酷了，先是对那个可怜的小伙子进行了折磨，然后再把他野蛮地谋杀掉了，所以我着力于寻找某种方式，来中和那种恐怖感，同时保证故事的可信度。我总是努力让我写的故事保持可信度，读者可以参与其中，他们被吸引而加入到创作游戏中来。这就是我定义可信度的方式。所以我当时故意使用了幽默元素：例如席尔瓦中尉和利图马班长的关系就很有喜剧效果，他们之间的对话使用的是一种顽皮、机灵、生动的语言，当然有时也有些粗鲁，这反映了土生白人的说话习惯，而且他们有时候还喜欢一语双关。两人所使用的语言非常大众化，还经常提到性。这两个人物的生活充满幽默气息，与这部小说那可怖的主要情节相对立，也就是那个可怜的小伙子被虐杀并被抛尸在荒漠地区的故事。小说出版之后，许多评论家指出，这部小说中出现了一种对秘鲁现实和人类境遇的乐观态度。

6.

《水中鱼》

　　《水中鱼》(1993）讲述了1990年秘鲁总统大选中的轶事。同时也是作家记录自己童年和青年时期的自传性作品，本书既可以被看作是论述如何正确执政的论文，也可被看作是展现马里奥·巴尔加斯·略萨的文学及政治热情的回忆录。

鲁文：你是在 1990 年总统大选结束后开始写《水中鱼》的，在那之前，你已经写了三十年小说了。那时你做出了一个让你的读者感到惊讶的选择：你没有根据政治经历去创作一部小说，而是选择了把自传、回忆录、论文和纪实报道混合起来的另一种文学形式。你如何定义这种文体呢？我们知道《水中鱼》不是小说，那么它到底是什么？

略萨：也许我应该先讲讲我是怎么写这本书的。总统竞选持续了三年，在那三年中，我把大部分时间都投入到了政治上。那是一种很深刻的经历，很重要，同时充满戏剧性，因为那些年里，秘鲁正深陷恐怖主义的暴力泥潭之中。在恐怖分子和政府武装力量之间有一场内战，恐怖主义在其中有很大的作用。我被迫卷入到了和我认为的政治生活毫不沾边的事情里，在我的想象中，政治是跟智识相关的事，人人都要提意见、谈计划，然后大家进行讨论，例如讨论不同的脱贫计划，来促使秘鲁达到现代化，进而创造一个人人机会平等的现代社会。可到头来，政治选举是一桩完全不同的事。那三年，我的生活节奏异常紧凑，同时我也一直生活在巨大的疑惑之中。一切结束之后，我想更好地理解那段经历，想以更加开阔的视野来审视它，这就是我下决心写《水中鱼》的原因。

我一开始就知道这不会是一部小说。我想提供尽可能客观的证词来记录我的政治经历，所以我就像写纪实报道那样开始写那三年选战中发生的事情。写了一阵子，我发现那种证词显得很片面、很不具体，因为我是一个政治人物——我从来没想要成为政治人物，专门搞政治更是从未有过的想法，从来没有——当时我搞政治是被情势所迫，哪怕在那三年里我全身心地投入到了政治中，可我始终相信那种情况早晚会结束，我不会永远那样干下去，最后我会回归到真正的志向中来，也就是文学。

我觉得写竞选纪实类的书所能提供的内容太不具体了，不能反映出我真实的样子，因为我从来都没有放弃当作家，哪怕是在那三年里也没有。就这样我产生出了新的想法：把竞选总统的政治经历和我文学志向的诞生过程结合起来。我从很小的时候就喜欢上了文学，那种志向可能从我学会阅读起就有了，阅读总能带给我一种奇妙的感觉。我还记得五岁时学会阅读对我而言意味着什么，我开始依赖那些故事生活。我指的是那些给孩子们看的小故事，那是我最早读到的东西，我在里面发现了自己在现实生活中从未接触到的另一方天地。大量的阅读极大地开拓了我的视野。

所以我当时想把竞选经历和童年发现阅读和文学的时光结合到一起。我想讲述在文学那么被轻视的年代，我本人是怎样一点一点地有了文学方面的志向。我童年时期的秘鲁自然也出现过作家，但几乎没有一个是职业作家：都是利用闲暇时间进行写作的政治家、律师或教师。关于职业作家，我只知道一个，还是一个广播剧作家，那也算是作家的一种吧。我想在讲述政治经历的同时，穿插讲述所有那些事情，《水中鱼》就是这样写出来的。

我当时从来都没想过要写一本自传：那不在我当时的计划

之内。如果什么时候我有了写自传的念头，我觉得应该是到了我生命的最后阶段，也就是我觉得一切都尘埃落定的时候。如果在那三年中我没有体验到如此具有戏剧性且大大出乎我意料之外的政治经历，我是不会写那样一本书出来的。我在《水中鱼》中使用的那种交叉叙事法，在我的很多小说里都出现过：两个截然不同的故事慢慢接近，最后融合成一个独立的故事。

鲁文：实际上这是种十九世纪小说中很经典的文学技巧：两条线索齐头并进，最后在某个时刻交叉。

略萨：交叉并合二为一。必须指出它们会在最后合二为一，这很重要。

鲁文：我们在《酒吧长谈》里就看到过类似的写法，也许那是你最早使用这种多线叙事互相交叉的写作技巧的小说之一。

略萨：在《水中鱼》里，让我觉得最难写，甚至最沮丧——因为我不得不回顾那段消极的往事——的部分就是政治经历部分。在情感上，那对我的影响很大，因为我又要重温在整个竞选过程中所体验过的严重暴力。相反，写童年和少年时期经历的时候，我会感到很轻松，写得不费劲、很流畅，这和写竞选部分完全不同。

波拉斯·巴雷内切阿

鲁文：历史学家劳尔·波拉斯·巴雷内切阿也曾出现在你的回忆录里，书中的他既睿智又善良，在历史和政治思考方面教了你很多东西。

略萨：波拉斯·巴雷内切阿是我这辈子遇见过的最好的老师，也是最棒的演讲者。我再也没遇见过像他那么优雅而又有口才的人。从外表上看，他并不出众：个子不高，肚子很大，外套的肩膀上总是落满头屑，但只要他一开口说话，就能立刻抓住听众的注意力。他的学生都崇拜他，上他的课得提前很久去占位，因为教室很快就会坐满，甚至有的学生会爬到窗框上听课。波拉斯·巴雷内切阿的课实在是精彩：他有一门课的名字听着很无聊，叫《秘鲁历史研究法》，讲的是从事秘鲁历史研究时的参考书目和参考信息。他的博学和口才让那些材料具有无比的吸引力，我甚至有了这样的想法：是不是该学习历史而不是文学？波拉斯对不同历史时期、不同人物和局势的分析都相当精彩。

我很幸运，在我当他的学生的那几年里，他受托撰写秘鲁征服史，那恰好是他的研究领域。那本书要描写由于内战而日渐衰败的印加帝国的情况以及欧洲人到来后的诸多轶事。出版社出钱，允许教授雇两名助手，我在他的那门课上成绩很好，所以他邀请我和他一起工作。在五年的时间里，从周一到周五的每天下午，我都会在他位于观花埠的家中干活。那段经历比我在大学里的任何一门课对我的帮助都大。我从他理解历史的方式和对待调查的严谨态度上学到了很多东西。他撰写的作品跟他的渊博学识相比简直太微不足道了，也许原因就在于他对待数据资料的那种严谨的态度。教授本人对阅读怀有巨大的热情：大量阅读经典作品，也许他在表达观点时所表现出的那种无与伦比的说服力就是从阅读中来的。那些经历激发了我对历史的热爱，这种热情从没有消退。当然了，我读的文学作品更多，但我一直对历史抱有浓厚的兴趣，这在我的作品里也有所体现。我的很多小说都涉及历史大事，或至少是具体的历史事件。它们是对某些历史人物和历史问题的文学再创造。波拉斯·巴雷内切阿对我产生了巨大的影响。

鲁文：波拉斯·巴雷内切阿的例子告诉我们，想成为好的历史学家，文笔也必须好。历史学家不仅要知道历史渊源、会查阅资料，还得懂得如何讲述历史。只有良好的叙事方式才能让历史事件鲜活起来。

略萨：这是发生在米什莱 [1] 身上的例子。米什莱是伟大的历史学家，也是伟大的作家：他的散文写得很棒，他写的历史书读起来就像是伟大的文学作品，他的成功可能也部分源于此。波拉斯也很类似：他写的书也有某种吸引力，那种无与伦比的吸引力和他说话时展现出来的吸引力很相似，让你读他的书的

---

[1]　米什莱（Jules Michelet, 1798—1874），法国著名历史学家。

时候感到无比享受。我认为所有伟大的历史学家都有高超的写作能力。

历史与文学

鲁文：有很多历史学家现在都被当作作家那样去阅读，他们的作品似乎成了所谓的文学性历史的一部分。例如《墨西哥征服史》和《秘鲁征服史》的作者威廉·普雷斯科特 ①。

略萨：普雷斯科特从没来过秘鲁，他是在波士顿撰写关于秘鲁的历史的。这个例子很有意思，他写出了迄今最好的秘鲁征服时期的历史书。那本书中的描写十分引人入胜，读起来就像一部小说。

鲁文：这就把我们带入很多文章都讨论过的另一个话题：很难在历史和文学之间划出一道明确的分界线。那是两种不同的科目、不同的文体，但是有些时候又很相似，融合在一起，很难分清楚。

略萨：这是一个很有意思的话题，我现在仍然对它很感兴趣。几个月前，我重读了一部我在五十年前读过的小说：托尔斯泰的《战争与和平》，那是对我的青年时期影响最大的作品之

①　威廉·普雷斯科特（William Prescott，1796—1859），美国历史学家。

一。我重读它的时候其实是有点担心的。不过它不仅没有使我失望，反而让我觉得比第一次读它时更加震撼。那部作品实在太棒了，堪称人类小说史上最伟大的作品之一。《战争与和平》出版后，曾引发过多场争论，大家就作品中的情节究竟是否为史实而争执不休，在此涉及拿破仑发起的针对俄国的战争。为了回应批评，托尔斯泰写了一篇精彩的文章，来论述文学和历史的关系，他指出：“《战争与和平》是一部小说，但绝对忠实于历史，是以撰写历史书的方式写成的小说。”为什么这么说？因为他认为很多历史学家歪曲事实的能力和小说家没什么两样。

为了佐证自己的观点，他还引用了梯也尔（Thiers）作为例子。梯也尔是法国历史学家，也是拿破仑的拥护者，也写过拿破仑对俄战争。历史学家们写书时都需要写到英雄人物，因为没有英雄就没有历史书，所以有时历史学家被迫去创造英雄，用夸张的方式去突出某些人物的行为和美德，并赋予他们某些超越人类的特质。简而言之，历史学家塑造英雄人物的过程和作家构思人物的过程是一致的。

托尔斯泰回忆说，有人指责他对战役的描写缺乏忠实性，尤其是博罗季诺战役，于是他问道：“那么谁是忠实的？历史学家对一场战役的描述就一定是忠实于史实的吗？我的书桌上现在就摆着俄国历史学家和法国历史学家对博罗季诺战役的描述，可双方的描述千差万别。”为什么？因为历史是被人以主观视角记录下来的：法国历史学家试图对拿破仑发起的战争进行开脱，俄国历史学家则怀着极强的爱国情怀为沙皇军队的胜利大唱赞歌。和真正的历史比起来，这些记录明显充满了主观性，是历史的小说化版本。托尔斯泰说过："我力图客观一点，但我毕竟是俄国人，而且我爱国，所以我为我们打败了拿破仑、把他赶出俄国土地感到无比骄傲。我把这种态度写出来。我并不觉得这有什么可耻的。"

托尔斯泰认为历史和文学除了叫法有差别之外，再没什么其他不同之处。历史书会被看作绝对真实，小说则以特定的视角聚焦某个事件。托尔斯泰说，历史学家重组现实的方式和小说家没什么两样。他说对了。

有一本书让我一直印象深刻：埃德蒙·威尔逊 [1] 的《到芬兰车站》。这部细腻的研究作品读起来像小说一样让人热血澎湃，只不过书中的主人公并非有血有肉的人，而是思想。全书以米什莱的一则轶事作为开篇，作者描写这桩轶事所运用的笔法像小说家一样老练。一天，那位伟大的法国历史学家在某本书里发现了一条对维柯 [2] 的引用，他很感兴趣，于是为了用原文阅读维柯而学习了意大利语。威尔逊总结说，社会主义就是这样诞生的。社会主义思想，那种相信有可能建立起一个绝对平等、绝对友爱的社会且社会不公可以被根除的思想，就诞生在米什莱和维柯的那次偶遇之中。

以此为起点，威尔逊通过不同的主人公逐渐描绘了推动社会主义及其分支——无政府主义、民主社会主义、共产社会主义——发展的政治运动，同时慢慢讲述了发生在这些思想运动

---

① 埃德蒙·威尔逊（Edmund Wilson，1895—1972），美国著名评论家、作家。代表作有《到芬兰车站》《三重思想家》等。

② 维柯（Giambattista Vico，1668—1744），意大利哲学家。

的代表人物身上的曲折事件，一直写到曾在瑞士流亡、后来准备发动革命的列宁穿过了整个欧洲大陆，来到位于圣彼得堡的芬兰车站为止。这本书里所写的全都是历史上的真实人物和事件，但作者完全使用小说的方式组织材料，讲述故事，读者能顺畅地阅读这部著作。我是把这本书当成伟大的小说去读的，实际上它却是一本历史书。米什莱的著作也是如此。米什莱的《法国大革命史》可以像读虚构故事那样去读，尽管里面都是真实的历史人物，书写的方式却是小说式的。

鲁文：刚好在这里，在普林斯顿大学，历史系课程的众多参考书目中就包括了小说。一本小说有时候会成为理解某段历史的关键，能激发读者的各种感觉，而历史学家通常是被禁止这样做的。我想到了一个例子，埃里希·玛利亚·雷马克[①]的《西线无战事》，这本书为我们提供了理解第一次世界大战的最直接材料。

略萨：巴比塞[②]的《火线》也是如此，那是另一部描写一战的让人难以忘怀的小说。

鲁文：墨西哥革命也是这样，那是一段很混乱的时期，很难把它理解透彻。历史学家出版了几百册书，想要搞清楚这场内战到底是怎么回事，可是普林斯顿大学讲授这段历史的教授

---

① 埃里希·玛利亚·雷马克（Erich Maria Remarque, 1898—1970），德国小说家。
② 亨利·巴比塞（Henri Barbusse, 1873—1935），法国作家。

们却在必读书目里列上了马利亚诺·阿苏埃拉[1]的《最底层的人们》，一部对墨西哥革命作了鲜活记录的小说。也就是说，我们有读起来像小说的历史，也有读起来像历史的小说。

米格尔：那么《水中鱼》里有多少虚构成分呢？

略萨：就算有虚构成分，也是无意的。我并没有完全放弃虚构因素，因为《水中鱼》的素材组织形式决定了这本书算得上是一本虚构作品：因为没有人能够那么清楚连贯地记得自己所有的经历。人们的生活总是混乱无序的，混杂着各种各样的事件。挑出某个经历，把它摆在突出的位置上，这就是虚构。但是和小说不同，我在《水中鱼》里一直努力保持所讲述的经历的真实性。我为此作出了巨大努力。我不仅想让这本书中所有的内容可信，还要保证它们都是真实的。

写这本书的时候，我搜寻了那个时期的许多相关材料来帮助我回忆、理清某些事件。后来我还采访了许多当事人，他们都是一些至今依然和我保持着良好关系的人，我让他们阅读了某些片段，以便让他们帮我确定或纠正某些细节。我想尽可能地接近真实的情况，尽管在文学的世界里永远无法抵达绝对的真实。可我确实付出了巨大的努力来让这本书具有真实性，甚至在此书出版之后，我仍继续修订，例如日期、地点。我这么做就是为了让它尽可能地具体和准确。

---

[1] 马利亚诺·阿苏埃拉（Mariano Azuela, 1873—1952），墨西哥作家。

政治：理想与现实

鲁文：《水中鱼》的核心主题之一就是区分理想的，或者说充满思想性的政治和现实的政治生活，尤其是在一个拉丁美洲国家。《水中鱼》的开篇引言引用的是马克斯·韦伯[①]的《政治作为一种志业》："原始基督徒仍非常准确地知道世界是由魔鬼统治的，一切介入政治之人，也就是说，那些将权力和暴力作为行事工具之人，都已经与魔鬼签订了契约，因此在他们进行活动时，便不一定再是善有善报、恶有恶报了，而且结果往往恰好相反。谁不懂得这个道理，只能说在政治上他还是个婴儿。"

略萨：我觉得那条引文非常准确。事实上那种理念始于马基雅维利，他在《君主论》中就阐述过类似的观点，在他那个时代掀起了轩然大波。在那之前，所有的学者，哪怕分歧再大，都一致认为政治从根本上说是借由行动来实现的一种理想。马基雅维利打破了这一神话，彻底革新了基督教世界。他提醒说，政治是人类行为，因此要获得政治上的成功，就要放弃空想和伦理价值，然后通过权术来操控政治。要搞政治，就必须是实干家，要脚踏实地，遵循基督教准则并非必须，而应该更注重效率。要想在政治世界里纵横捭阖，任何事都是可以做的。马基雅维利提倡的实用主义理念很有可能会变成卑鄙无耻行径的挡箭牌，那些为达目的不择手段的人可能会借此抛下最后一丝

---

① 马克斯·韦伯（Max Weber，1864—1920），德国著名社会学家、政治学家、经济学家、哲学家。代表作有《新教伦理与资本主义精神》《古犹太教》等。

顾虑。按照这种方式对待政治，把它和崇高的理想及基督教价值割裂开来，这在当时无疑是一种颠覆性的理念，因此《君主论》后来被教会列为禁书。

我亲身体验到了马基雅维利写下的那些东西。刚开始竞选总统时，我曾天真地认为搞政治靠的是理念和思想。例如，我们组建自由运动组织，来对抗银行国有化政策。我们受到了民众的广泛支持，最后成功地阻止了银行国有化。我当时深受鼓舞，心想："好吧，如果说这样的人民运动可以成功阻止重要的政府部门颁布的、人们认为不好的——因为它会扼杀民主，让政府完全掌控经济——法令的话，这就表明我们已经是民主社会了，那么变革就是有可能的。"

可是后来我认识到，在一场选战中，思想和理念是次要的，价值观是不断被践踏的。例如，我曾经说过："好吧，让我们诚实一点，来谈谈真实的情况，解释一下我们的改革政策，这样人们就不会感觉上当受骗了。"我当时认为，之前的几届政府之所以失败，就是因为他们许下的都是些在获得权力之后无法兑现的诺言。而我们不一样，我们不许诺那些不现实的东西，我们说出来的都必须是实话。但很显然，在政治领域讲实话会让你变得无比脆弱，因为如果对手不遵守这种游戏规则，你就会在对方的肮脏伎俩面前被打得体无完肤。那三年里，我每天都在经历着这种事情：努力去讲真话，但是对方会把真相揉搓变形，再扔回到我们的脸上。这使得我们逐渐丧失竞选初期时所拥有的高支持率，最后输掉了选战。

那些年里，秘鲁还面临另外一个问题，那就是严重的暴力威胁：我们这边在搞政治，他们那边每天都在杀人，到最后甚至没有人知道杀人者到底是谁，没有人知道到底是恐怖分子还是军人。那些年里充满了可怕的、绝对的暴力，甚至超出了语言所能描述的范畴。另一方面，我很注意自己的言辞——对于作家而言，这尤为重要——我想找到最能把事情说清楚的语言。但在政治上，那是不可能做到的：每天都要做六场演讲，到最后，只能在不同的地方不断重复着相同的内容，所使用的是一种死掉的语言，没有生命力，无法表达思想。这种情形让我异常焦虑，因为我感到我正在背弃自己的志向。但除此之外，别无他法。我记得有些前辈对我说："你别用复杂的单词：他们听不懂。多用点基础词汇。"如果说为了让更多人听懂而一直使用基础词汇，那么最后所说出来的东西就只能是废话，是最肤浅的东西。

鲁文：《水中鱼》中有一个次要角色，不能说这个人物因此就不吸引人：做文化分析的美国政治顾问。他用很抽象的概念解读政治现实，但也能做相反的事情：从一个具体的想法或概念出发，把它们运用到现实中去。

略萨：那个顾问是专门搞政治的，有趣的是干他们那行的人是没有政治倾向的：既不左也不右，既不是自由派也不是民粹派，谁掏钱，他们就给谁干活。他们认为搞政治和搞建筑、搞工程没什么两样，都是靠技术，所以运用技术最娴熟的人就能赢得选举。这样看来，政治顾问这个职业是完全不顾伦理道德的。

鲁文：在所有国家，政治理想和政治实践之间都有很大的差别，但是在拉丁美洲，这一差距似乎要更大，这里的贫困和发展问题使得我们的政治生活要比欧洲或美国更糟糕。

略萨：法治和现实之间差别巨大。我记得自己埋头于政治活动中时曾发现，世界上颁布宪法次数最多的国家是海地，这可真是一件稀奇事，因为从这个角度看，海地应该是地球上最法治的国家。可是回顾那个国家的历史，你会发现它同时也是推翻宪法次数最多的国家。

鲁文：尽管所有的人类社会都需要一套法律体系加以保障，可是似乎在拉丁美洲，我们的悲剧有时不是因为缺乏法律，而是因为法律过剩。海地的经验向我们揭示了些什么道理呢？我们得继续完善法律体系。

略萨：改善政治的方式是让正派的人——更有准备的人、更有学识的人——来参与政治。很遗憾，实际情况往往并不如人所愿，因为时至今日，那些最有政治才能的人依然很难参与到政治生活中去，所以他们中的大部分都做其他事情去了。对诚实的人而言，政治是个出力不讨好的领域：赢得的东西很少，还总伴随着被秋后算账的风险。诚实、有能力、有准备的人就是因为这些原因才放弃了参与政治。但对于一个国家来说，这种情况实在太可怕了，因为如果从政的都是些平庸之辈，那么这个国家的前途就好不到哪儿去。我们当然可以批评政治现状，但若想让它变好，就应该做点实际的事情。

无论在哪儿，政治都不会是完美的，但有的国家确实要比其他国家的政治风气好，从政的人更诚实正直。理想的状态是让有才华、正派、更具人道主义精神的年轻人参与到政治生活中来，他们可以证明政治也能成为具有创造力的活动。这在我们这些国家尤为重要，因为我们实在太落后了。因此我们批评的焦点一定要以"相信政治并非必然是腐败的、污浊的"为前提，我们理应相信政治环境是可以变得更好的。

有一个特别好的例子，我觉得应该提一下。人们经常会谈论政治腐败，这不容置疑，但也有政治人物确实是非常正直的。纳尔逊·曼德拉就是一个很好的例子。曼德拉曾经是南非的一名律师，曾相信恐怖主义，他认为解放南非黑人——占人口总数的百分之八十——的唯一方式就是发动针对白人领袖的暴力行动。他参与了恐怖主义活动，后来被关进了位于一座岛上的监狱，在那里与世隔绝地被关了很多年。他进行了反思，意识到了自己的错误。他总结说，要建设一个更好的国家，就得抛弃恐怖主义，放弃把白人居民驱逐出南非的想法，因为无论什么人种都可以在未来的南非和谐共处。但最困难的事情是说服他自己原先所属党派中的伙伴，让他们改变想法。因此他在那座小岛上花了近三十年的时间，去捍卫与他刚开始搞政治时的思想恰好相反的理念。最令人受到鼓舞的是，他最后成功了：他说服了党内的同志，让他们相信白人应该留下来，白人可以和黑人共同生活。这个例子表明：政治是可以和利他主义、社会情绪兼容的。曼德拉没有利用政治来篡夺权力、攫取利益，而是用它发起了一场根本性的变革，以之改善了那个结构复杂、冲突激烈的南非社会。曼德拉是一个伟大的政治家，而且他出生在第三世界国家。这个例子对于我们这片大陆的政治该如何发展具有巨大的启示作用。

鲁文：你认识曼德拉吗？

略萨：不认识。不过我倒是真的去过罗本岛，也就是曼德拉被囚禁的地方。我见过他的牢房，给我留下深刻印象的是，一个人竟然可以在如此恶劣的环境中生活那么多年，而且在那些年里什么人也见不到。

鲁文：你和他有书信往来吗？

略萨：没有，我们没有书信往来。不过我读过很多他写的东西。

意识形态

埃琳·林奇（下文简称"埃琳"）：我们聊了很多关于思想在政治生活中的作用的话题。是不是也可以聊聊政治和意识形态之间的关系呢？还有知识分子和意识形态之间的关系是不是也能聊聊呢？

略萨：就如雷蒙·阿隆 ① 所言，意识形态是世俗化的宗教。它要求无条件、无理智的信仰。波普尔写过一篇很有趣的文章，他说所有无法被驳倒的东西都是意识形态。他认为马克思主义和精神分析学都是这样，因为无法驳倒其理论，它们是封闭起来的，要求绝对的信仰。例如，阶级斗争推动历史朝着某个方向前进的理论就无法被驳倒：无论信不信马克思主义，情况都是如此，因此波普尔把它看作信仰的例子。所有的意识形态都是如此运转的，正如世俗化的宗教一般。而民主则恰恰相反，因为它的出发点是认为现实并不完美，还有得到改善的空间。由于民主体系允许多样性的存在，最终可以减少暴力的发生：支持不同信念、宗教、思想的人能够达成一致，不互相残杀，同时接受以投票的方式选择由谁来执政，而且竞选获胜的一方也允许失败一方继续在社会中存在下去。所有人都是这套体系的监督者。这种体制是很人道的。波普尔认为民主和意识形态是不可兼容的，因为后者和宗教一样，追求绝对真理。法西斯主义、纳粹主义就是这样：他们相信绝对真理的存在，进而认为掌握了绝对真理的人可以凌驾于他人之上，哪怕通过暴力、囚禁和集中营的方式也在所不惜。民主虽然是不完美的体系，却是人道的，因为它在宽容的框架下，允许多样性的存在。

---

① 雷蒙·阿隆（Raymond Aron，1905—1983），法国思想家，代表作有《知识分子的鸦片》等。

政治生活的时间性

鲁文：智力生活——就像我们在普林斯顿大学做的这些事情或你作为小说家做的事情——的时间性和政治生活的时间性之间的差异也很大。在政治生活中，时间似乎过得非常快，而且总是要求迅速获得结果。我们在大学里的作为可真算得上奢侈了：我们可以花三个小时来聊思想、聊图书，而外面的世界是跟着脸书（Facebook）和推特（Twitter）的节奏走的，读者／用户的注意力可能只能维持几秒钟。如今，政治世界——就像我们在唐纳德·特朗普的竞选中所看到的那样——也要求按互联网和其他社交网络的时间标准来行事：公众的注意力很难维持超过几秒钟。

略萨：在政治生活中，思想被口号取代了，内容反而失去了价值。这是一个知识分子所能体验到的最糟糕的经历了。但是我们不能就此得出结论说知识分子不能参与政治，因为这种结论很显然是荒谬的。如果社会出了问题，那更应该尽力去改善它。在这种情况下，更应该试着去参与政治，让它变好。还应该提醒大家，在世界上的其他许多地方，政治不像这样腐化肤浅。所以应该尽力促使我们这些国家的政治生活变得更好。

鲁文：你在这本书里多次提到作家需要一个能集中注意力的空间。要想写作，就得远离全世界，花好几个小时去思考，在纸上写写画画。写作是不能碎片化的：那是一个缓慢的过程，在出版之前要不停地修改，打磨。在本书的很多场合，你都无比痛心地讲述了在总统大选期间你失去那种集中注意力的空间的经历，因为你得把时间用来搞政治。

略萨：那是一种很彻底的、生活方式上的变化。作家需要与世隔绝，需要孤独，然后直面自己和困扰自己的那些"魔鬼"①。政治生活则完全相反：一进入其中，你就跟孤独彻底无缘了。没有私人时间让我非常焦虑，我不仅是指写作的时间，我甚至连阅读的时间也没有了，可阅读是我充实自己的方式，对我太重要了。那种状况让我很烦躁，我只能每天很早起床来读书。由于我无法用那些时间来读大部头的著作，会打断阅读的连贯性，所以我读诗歌居多。

那段时间，我大量阅读贡戈拉②的诗歌，很奇怪的是，他属于那种作品和现实最不沾边的作家之一。他的诗作所描绘的世界是绝美的，完全用语言搭建而成，和我在现实中所生活的那个混杂着口号和暴力的政治世界完全不同。每天半小时对贡戈拉的阅读和再阅读让我得到了喘息的机会，帮助我抵御着每一天余下时光中的窒息感。

我最后发现自己根本不适合当政治家：政治家必须对政治抱有巨大的热情，我没有，我最大的热情就是文学。那可能是我作为政治家遭受失败的重要原因之一。

---

① 指作家脑中挥之不去、必须写下来的故事。
② 路易斯·德·贡戈拉（Luis de Góngora，1561—1627），西班牙黄金世纪诗人，"夸饰主义"的创始者，作品以晦涩难懂著称。

作为政治家的知识分子

迭戈：我想问问您，在政治领域中，知识分子可以扮演怎样的角色？在《水中鱼》里，您提到过很多同伴，尽管他们也是知识分子，却背叛了您，最后反而破坏了民主。在民主进程中，知识分子的角色是怎样的？

略萨：把这个问题再延伸一下就是：思想在政治生活中的角色是什么？所谓的知识分子就是有思想的人，他们在思想的指引下做出行动。这个问题很复杂，因为历史上有很多事例表明，有时候就连文明程度很高的社会，都会突然在直觉和激情的驱动下做出某些不理智的行为，那时思想反而处于下风。举个例子：希特勒和墨索里尼，二十世纪欧洲的两位大独裁者，他们所在的国家不是穷乡僻壤，而是文明程度极高的社会：在希特勒赢得选举的时候，德国可能是全欧洲文明程度最高的国家。虽然实际上希特勒是靠百分之三十多的选票数获胜，但他毕竟获胜了：至少三分之一的德国人被希特勒的邪恶想法吸引了。墨索里尼也赢得了选举。这两个独裁者都不是通过军事政变的方式获得权力的，他们攫取权力的过程是很民主的，可是最后他们却摧毁了民主。那两个文明国家里的很多人当时都没有在责任心和理智的指引下行事，而是任由被希特勒和墨索里尼这两个煽动者唤醒的原始直觉所驱动。

那么我们应该自问：如果说在像德国那样文明的国度里，希特勒都能赢得选举，对于文明程度欠发达、日常生活中充斥的尽是激情而非思想的第三世界国家，我们还能抱有怎样的期待呢？在这些国家里，只有极少一部分人看重思想的力量。

伟大的自由主义哲学家卡尔·波普尔来自犹太家庭，曾亲身经历过纳粹暴行，尽管他已经完全融入了奥地利社会，可纳粹主义出现之后，他只能逃离维也纳。波普尔写过一部伟大的政治哲学类图书，讲的就是现代民主文化，我指的是《开放社会及其敌人》，它的大致内容是：有时候，在某些文明理智的国家，确实会出现不理智的行为，但在那种不理智行为的背后始终隐藏着某种思想，尽管那都是些错误的思想。认为犹太人是低等种族是一个很愚蠢的想法，也是错误的思想，但它终归是一种思想，而并非某种激情或情绪。那是一种可怕的思想，那种思想最终指引整个社会走入了歧途。所以问题不在于思想的缺失或是对思想的否决，而是出现了错误的、极端可怕的思想。再例如，女性地位低下问题，这在许多伊斯兰国家都是文化的一部分，这种思想也很可怕，可它也是一种思想。在政治生活中，思想确实扮演着极其重要的角色，因此那些好的思想就显得尤为关键，我指的是那些认可多元共存、提倡公平正义和民主原则的思想，它们应该比那些不好的思想更受支持，我所说的不好的思想是那些会引发紧张局势、煽动分裂、在社会中引发苦难的思想。我认为波普尔的著作至今仍然具有鲜活的生命力：思想总是扮演着某个角色，无论这角色是好是坏，抑或是可怕。

阿隆·比利亚雷亚尔（下文简称"阿隆"）：波普尔的理论能帮助我们理解唐纳德·特朗普当选总统吗？他的获胜可以用

哪些思想来解读呢？

略萨： 主要是排外思想，这种思想认为，外来人是坏的而本国人是好的，并由此出现了高等种族和低等种族之分。这也是一种错误的思想，历史已经证明了上千遍，这种思想引发了诸多恶劣的社会冲突。当特朗普宣称美国所有的墨西哥人都是盗窃犯和强奸犯的时候，他实际上是在表示，墨西哥裔——我们不知道他依据的是基因方面的东西还是某个神明的安排——对于文明而言是非常危险的族群。此外，他针对移民的言论也已经被诸多严肃的人口学研究证实是无稽之谈。如果说世界上有哪个国家受惠于移民，那肯定是美国，因为美国本身就是个移民国家，它的文化基因里就带有移民的成分。美国的成功，很大程度上要归功于它在十九世纪施行的边境开放政策，当时那项政策吸引了全世界各个地区的人移居此处。所有的社会学家和经济学家都忙于证明，工业化程度高的国家若想维持已有的高生活水平，就需要移民。对于像美国、英国、法国这样的国家而言，移民是不可或缺的，可以帮助这些国家保持稳定，产生更多的财富。

但是特朗普先生对这些都不感兴趣，因为他更相信直觉和其他非理性的东西：他对其他种族的人怀有恐惧和不信任感。他的这些想法已经在世界范围内造成了诸多灾难，在我们这个时代，还有人像以前那些蛊惑人心之徒般煽动仇恨和不满，还获得了这么多的支持，这简直不可思议。他获得广泛支持，靠的不是智慧，而是隐藏在每个人内心深处的疑虑和偏见。他的当选可能对全世界来说都会是一场灾难。

埃琳：对于知识分子在政治生活中扮演评论者和分析者的角色的话题，我们已经聊了不少。但是拉丁美洲有着悠久的、作家和知识分子参加政治选举的传统，您也是参与者之一。有时候，他们最终会在政府中担任某个重要职务：可能是外交官、部长，甚至是总统。我们应该如何评价这种现象？知识分子是更好的还是更糟的执政者？

略萨：瓦茨拉夫·哈维尔① 是一个很有趣的例子，虽说他是欧洲人。哈维尔是剧作家、艺术家、创作者，热衷参与政治。在捷克，他所扮演的角色十分重要，丰富了公民生活，以深刻的思想向大众表明政治也可以是极具创造力的活动。哈维尔从来没有终止创作，哪怕在他去世之前，他依然在坚持发表东西，同时也为他的国家在深化人权、自由和民主制度方面做出了巨大的努力。他这样的人物向我们表明，政治也可以是一种高尚的实践活动。

他是很有想法的人，而那并未阻碍作为执政者的他进行实践活动。他懂得接近人民，让人民信任政府，这又巩固了他的政权，使他的国家在国际社会更有话语权。哈维尔并非孤例，还有很多知识分子曾在政治领域取得过巨大的成功。丘吉尔是另一个例子。丘吉尔也非常有思想，同时还是伟大的作家——

---

① 瓦茨拉夫·哈维尔（Václav Havel，1936—2011），捷克剧作家，于1993年至2002年任捷克共和国总统。

尽管我不确定他是否配得上诺贝尔文学奖，我觉得把这个奖颁给他有点夸张了——他写过许多历史书，也是杰出的领袖，为大不列颠人民注入了新的精神力量，最终抵御住了希特勒的入侵。他是伟大的政治家，也是活跃在文化圈的知识分子。我经常会问自己，丘吉尔是怎么做到在执政的同时阅读那么多书籍的，真让人钦佩。类似的例子还有很多，证明知识分子可以成为优秀的政治家。

大　选

比维斯：您觉得是缺少了什么因素导致了您的竞选失败呢？是实践精神吗？还是和人们沟通的能力？抑或是所有政客都有的厚脸皮呢？

略萨：在有些事情上，我犯了错。我们想要做一系列自由主义改革，需要广泛的支持作为基础，于是我以为唯一的方法就是和其他两个政党结成同盟：贝朗德·特里所属的人民行动党和基督教民主党。那次结盟是个错误，因为那两个政党只是空架子，根本没有群众基础。这一点是我在选战进行中才慢慢发现的：那两个政党只有领导阶层，缺乏群众支持，它们只在选举时期才存在，选举结束就会解散。秘鲁存在唯一一个真正的政党是阿普拉党，只有它才具有大型的组织结构，这也帮助其抵挡住了多个独裁政权的镇压。也就是说，我最终和两个缺乏群众基础、口碑不好的政党结成了同盟。

正因为如此，阿兰·加西亚①才指责我和代表糟糕政治传统的旧政党沆瀣一气，他还把藤森打造成了具有新式思想的全新候选人，说他有能力激励整个秘鲁民族。我当时提出了很具体的改革方案，但很遗憾，由于那次结盟，使得我失去了自己的优势，后来藤森和阿兰·加西亚施行了许多我在选举中提出的自由主义改革政策。秘鲁人民已经厌烦了旧政客，想要些新东西，藤森利用了这一点。

鲁文：如果你当年大选获胜，你个人和秘鲁会发生什么呢？

略萨：唯一确定的是，我在五年任期里不会写小说。我会写很多演讲稿，而且我的阅读量肯定会急剧减少：比起文学，我会读更多的报告和报道。假想没有发生过的历史是很有趣的事情，但是没什么意义。

豪尔赫·席尔瓦（下文简称"豪尔赫"）：在《水中鱼》中，您讲述了阿普拉党发起一场抹黑战争，把您描绘成了远离秘鲁社会和种族问题的精英阶层白人。您认为秘鲁政治是否深受其社会阶层和种族问题影响？

略萨：我认为政治无法和种族问题彻底割裂，尤其是在选

---

① 阿兰·加西亚（Alan García，1949—2019），秘鲁政治家，曾于1985—1990与2006—2010年间任秘鲁总统。上文提到的银行国有化政策就是由阿兰·加西亚制定推动的。

举的时候。在选举中，人们总是会掏出最肮脏的武器，把竞选对手和统治阶层、富人阶层或是所谓的剥削阶层联系起来是常见的污蔑方式之一。在整个选举过程中，我的对手们把这套东西运用得非常娴熟。我把那称之为肮脏战争，人们在里面耍着各种花招，正是那些东西决定了选战的成败。在一个相对原始的国家里，那种肮脏战争几乎是赤裸裸地爆发的，而在文明程度更高的国家里则被掩饰得更好。那些一辈子都混在政治圈里的人习惯了在背后捅刀子，可我是个彻头彻尾的新人，我从来没经历过类似的事情，最后我被搞得遍体鳞伤。我甚至连续数个小时都在对抗阿兰·加西亚——他是个中好手——对我做出的那些不可思议的抹黑，我需要准备发言稿、戳穿谎言，可最后，谣言造成的影响已经无法弥补。举个例子，他们指控我逃税。我们有一个律师办公室专门负责证明他们的指控是子虚乌有。那份工作是全职的，因为每天都有类似的指控，没完没了。有一些指控看上去无足轻重，但我们要对每一个都作出回应，而且要遵循一系列的程序，因此我们的许多律师只做这一件事情。有一份报纸专门负责刊发对我的这些指控，在进行选战的三年中没有消停过一天。这真快把人逼疯了。

　　还有一个例子，我记得一天夜里我走上街，突然在一块电视屏幕上看到了我的照片，主持人的声音非常严肃，他说："女士们，如果你们的身边有年幼的孩子，请让他们不要看这个节目，因为接下来你们将会听到一些从一个邪恶堕落的脑袋里生出的令人反感恶心的玩意。"我停下了脚步，想看看他说的令人反感恶心的东西究竟是什么，没想到主持人读了我的小说《继母颂》中的片段，然后一群社会学家和心理学家就开始讨论起来了："写下这些东西的人到底是怀着什么心啊？"另一个补充道："是啊，太堕落了，真是天生的堕落分子。"这种事他们每天都在做，我觉得他们大概把我所有的小说都在电视上读了个遍。对于这种攻击，该如何回应呢？这种抹黑很完美，极具破坏性，效果也确实如他们期望的那样好。大选刚开始的时候，我的民调排在第一位，但是随着各种抹黑不断出现，我的民调支持率一直在往下降。突然有一天，他们又无中生有地宣布："巴尔加斯·略萨执政的第一天就会裁员五十万人。"我从没说过类似的话，也不知道他们是从哪里炮制出的那个数字，但是人们相信了，走在街上还有人问我："但是您为什么在执政第一天就要辞退五十万人呢？"

如果说搞政治就是要丢掉所有的底线，那么我确实没做好准备。我没有大象那么厚的脸皮，能对所有那些抹黑无动于衷，而在那种时候，拿事实说话往往没有太大的作用，因为那场战争比的就是谁能先用那些伎俩杀死对方。我之前从没想过选战的肮脏程度乃至于斯，但现实就是这样，政治就是这样，尤其是在没有民主传统和强有力制度保障的国家更是如此，在这些国家，民众很容易就会被谎言误导。事实上，有时候人们反而很想看到那些东西，于是就会有很多人相信它们。

如今的政治

马利斯：我们觉得在最近几年里，政治似乎变得更肮脏了。

要是退回十年或是二十年，参加 2016 年美国总统大选的那些候选人根本不可能会获得提名。您前面说过，应该保持乐观，还说政治总是会自我改善，但您不觉得现实情况刚好相反吗？

略萨：我们聚焦拉丁美洲。如果把如今的拉丁美洲和二十年前的拉丁美洲相比，在政治领域毫无疑问出现了无可争议的进步。在我年轻时，拉丁美洲到处都是独裁者；如今整个大陆几乎所有国家都是民主政府掌权。在二十世纪五十年代，也就是我刚开始进行创作时，不被独裁者掌控的国家屈指可数：哥斯达黎加、智利、乌拉圭，除此就没有了，剩下的全是独裁政权，有的相对软弱，有的则很强硬，还有的极端残暴，但归根到底都是独裁。

如今拉丁美洲都是民主政权了，尽管确实还不完美，腐败情况时有发生，但毕竟是民主政权。我们懂得了要深化体制建设、推动法治进程，这就是巨大的进步。另一个巨大进步是趋向民主的社会共识。在我年轻时，大部分人信奉革命、相信铁腕政权，只有很少一部分人捍卫民主。如今，大部分拉丁美洲人都支持民主，他们拒绝任何形式的暴力行为，无论是由左翼还是右翼发起的。尽管距离社会正义还有很长的路要走，但现在的繁荣状态在以前压根是不存在的。

这些改变不仅发生在拉丁美洲。二三十年前的东南亚还很贫穷，如今那个地区也繁荣起来了。那里的许多国家之前也遭受过独裁的摧残，现在变成了富裕的民主国家。这些都证明人类确实在进步：没有什么注定是不可挽救的。因此只要带着乐观精神去行动，尤其要坚信向好的方向作出改变是可能的。

西班牙也是一个例子，而且是我亲身经历的。我刚到西班牙留学时，西班牙还处于独裁者的掌控，是个与世隔绝的贫穷国家，是个彻头彻尾的欠发达国家。在短短几十年间，我亲眼见证了西班牙不同寻常的转变，它变成了现代、有序、开放的国家，完全融入进了欧洲文化之中。从经济上看，西班牙也取得了巨大的发展。尽管还有很多问题等待解决，可西班牙确实在各个方面都取得了进步。

恐怖主义

比维斯：《水中鱼》中，对恐怖主义在秘鲁的影响也有所描写，却没有进一步解释出现这种情况的原因。这个问题很具有现实意义：每天都有人试图进入美国或欧洲，来放置炸弹或进行其他暴力活动。恐怖主义的根源是什么？

略萨：这个问题非常好，虽说它很复杂。乔治·巴塔耶 [①]，一位我非常钦佩的法国文论家，曾经把人类描绘成关着天使和魔鬼的牢笼。有一些时期，天使会占上风，可是也有的时候，魔鬼会压制住天使。动物不是这样的，它们的行为方式基本上没有太大变化，但是人类有改变的能力，能够变得非常不一样。有一些时期，宣扬极端暴力的学说会产生巨大的吸引力，最终

①　乔治·巴塔耶（Georges Bataille，1897—1962），法国评论家、思想家、小说家。

以否定理性为标志而达到顶峰。我们仍以西班牙为例，在那里，如今每天都有许多少女想做"伊斯兰国"战士的女人。这听上去很疯狂：她们不知道做"伊斯兰国"战士的女人意味着什么吗？她们不记得当塔利班控制了阿富汗之后对女性做了些什么吗？他们把女人从中学和大学中赶了出去，禁止她们做任何种类的工作；把她们变成了她们父亲和丈夫的奴隶、一个单纯的女眷。这就是那些跑去叙利亚的西班牙姑娘想要的东西吗？可怕的是，事实就是这样：这恰恰就是那些少女想要的东西。现在回过头来想，驱使那些现代西方社会教育出来的女性去做一件我们觉得不可思议的事情的东西，到底是什么呢？对此没有清晰的解释：她们对身边人的生活情况感到深深的失望，感觉在欧洲城市边缘区域继续生活下去看不到任何希望，最后她们认为宗教所描述的绝对完美的景象能够把她们拯救出来。她们没有看到那些人正在做出的野蛮暴行，也想象不到真正加入"伊斯兰国"后等待她们的将是多么恐怖的命运。

甚至有些在政治领域十分睿智的人，有时也会抛弃理智，相信直觉和低等激情，这就解释了为什么有的独裁者会获得成功。政治生活中另一个常见的缺乏理智的现象是许多独裁者都受到了人民的广泛拥戴，特鲁希略[①]就是个例子，他的例子是我相当了解熟悉的。特鲁希略被刺杀的那天晚上，如果当地居民抓住了那几位刺客，肯定会当街将其撕成碎片。成千上万的多米尼加人连续多日守在独裁者的尸体前痛哭流涕。

---

① 拉斐尔·特鲁希略（Rafael Trujillo，1891—1961），多米尼加独裁者。巴尔加斯·略萨曾以特鲁希略独裁为线索，创作出了长篇小说《公羊的节日》。

没有哪个社会已经完全摆脱了这些极端状况的威胁：有的已经取得了巨大进步，和之前相比，更有能力保护自己，但所有国家依然面临着这种威胁。我们得清楚地认识到：自由和法治，哪怕在最发达的国家里也总是不稳定的，需要所有人去努力维护，这样才能避免陷入危机。

续　作

鲁文：你想过写一部《水中鱼》的续作吗？可以讲一讲大选之后这么多年发生的事情。

略萨：想过：我一直想写一部续作，因为我觉得那本书并没有写完。《水中鱼》展示了我的两段经历，一段是年轻时的经历，另一段是成年后的经历，但还是有许多我没写到的东西。我会写的，但是直到现在我都没找到合适的动笔时机，总是不停有其他事情冒出来，有其他的写作计划插入进来。不过我会写的，因为《水中鱼》就像是一部未完成的作品。

7.

《公羊的节日》

　　《公羊的节日》(2000)和《酒吧长谈》一样,是一部描写独裁政权以不同方式腐化社会的小说。这部书的背景是特鲁希略统治下的多米尼加共和国,那个时期发生的诸多罪行是通过一位名叫乌拉尼娅·卡布拉尔的女性人物之口讲述出来的,她后来在纽约开始了新的人生。

鲁文：《公羊的节日》在你的作品中显得有些不大一样，马里奥。在 2000 年之前，你的小说也好、文章也罢，关注的基本都是秘鲁，除了《世界末日之战》是个例外，那本书写的是巴西历史上的一次事件。你的小说背景基本都是秘鲁或是南美。为什么决定写一本关于多米尼加共和国的小说呢？那是一个很小的岛国，就算在拉丁美洲，也是个很边缘化的国家。

略萨：我是在 1974 年或 1975 年去过多米尼加共和国之后决定写那本小说的，我当时是去为一部纪录片搜集素材。法国广播电视台雇我写个剧本，再去做一些采访，受采访者会出现在海湾公司资助的纪录片中，那是一家甘蔗种植企业，甘蔗是朗姆酒的原材料，也是多米尼加共和国的主要收入来源之一。我在岛上待了一个月，采访了很多人。他们说的关于特鲁希略的事情对我触动很大，虽然那时候特鲁希略已经死了十几年了。人们已经不再惧怕他了，谈论起那段独裁岁月也更加自由。实际上，我还是学生的时候就听说过特鲁希略独裁。五十年代的拉丁美洲到处都是独裁，但可能最具传奇色彩和戏剧性的——同时也是最残忍的之——还是特鲁希略独裁。

尽管我亲身经历过我们国家的奥德里亚将军独裁，也了解许多其他国家的独裁政权，但听到当地人讲述的关于特鲁希略的事情仍然让我感觉无比震撼。最令我印象深刻的故事之一——我听许多人讲过同时也在书里读到过——是特鲁希略巡视全国时，胆怯的农民们听说元首喜欢女人，就把自己的女儿献给他。这可能吗？看上去像是典型的、带有拉丁美洲特色的幻想。父母怎么可能把亲生女儿献给别人呢？在那次的旅程中，有一天，我认识了一个当年担任过军事助理的人，他曾在多米尼加特种部队服役过，负责保护特鲁希略安全的就是那支部队，里面的成员都是精挑细选出来的，所有人都绝对忠诚，和独裁者走得很近。

那位先生名叫卡里·阿切，他依然记得关于元首的许多事情，经常会在自己家里和年老的特鲁希略分子聚会，还收集了许多与特鲁希略有关的东西。我去拜访他，问他："农民们把自己的女儿献给特鲁希略这事是真的吗？"他回答我说："是真的，他们把女儿献给他，这对元首来说是一个难题，因为他不想让农民们下不来台。"他对我说，特鲁希略不知道该拿那些小姑娘怎么办：他把其中一些嫁给了士兵，但还是剩下很多。我又问他是不是姑娘们的亲生父母亲手把女儿送来的，他回答说，是，千真万确。我震惊了，我压根没想到那竟然是真的。

我还认识了马里奥·托伦蒂诺，他是一位医生，他的妻子是为《利斯亭日报》写艺术评论文章的玛丽安娜·德·托伦蒂诺，那是圣多明各最主要的报纸。我和他聊过，他也给我讲了一个让我难以忘怀的故事。他对我说："我当时还是个小孩子。有一天，我在家门口坐着，突然我看到一辆很漂亮的汽车停在了正对面的人行道上，元首从车上走了下来，也就是特鲁希略本人。"对多米尼加人而言，元首是神话般的人物，年幼的马里奥·托伦蒂诺张大嘴巴看着特鲁希略从车上下来，走进了邻居家的房子，那是司法部长的家。

"午饭的时候，"托伦蒂诺医生继续讲道，"我天真地把这事告诉了父母：'今早我见到元首了，我看见特鲁希略从车上下来，进了部长家。'我发现父亲吓得脸色惨白，他对我说：'你什么都没看到。你在撒谎。赶快把这些东西从你的脑子里抠掉！再也别说这种话了。'我父亲当时吓得要死，我永远忘不了那一幕。"

另一个我听过许多遍的故事就是特鲁希略会和部长们的妻子睡觉，不仅仅是因为他喜欢这么干，这其实是他用来测试手下官员忠诚度的著名手段。那些人已经卑躬屈膝到了允许他和他们的妻子睡觉的地步。基本上，所有人都通过了测试，也就是说默许了特鲁希略去强奸他们的妻子。

他们还说起佩德罗·恩里克斯·乌雷尼亚，一位年纪轻轻就当上了特鲁希略政府文化部长的杰出人士，有一天回到家里，妻子对他说："今早元首来过了，他敲了门，问候我。我没有迎接他，我对她说，我丈夫不在家时，我不接待男性客人。"当天下午，佩德罗·恩里克斯·乌雷尼亚就乘飞机逃离了多米尼加，从此再也没踏上过自己祖国的土地。

我是在头昏脑涨的情况下离开多米尼加共和国的，不停地问自己：一个独裁者的暴行怎么可能会达到如此极端的程度？因为拉丁美洲再没有任何其他一个独裁者像特鲁希略这样获得了对社会的完全掌控权。从那时起，我就产生了写一本关于特鲁希略的书的想法，尽管我知道自己并非多米尼加人，也知道已经有很多多米尼加作家写过相关题材的作品。和其他许多时候一样，这个想法让我着了魔，才真正算是我开始进行创作的时候。后来我又去过多米尼加共和国许多次，采访了很多人，既包括特鲁希略的支持者也包括独裁受害者，幸运的是，我和一位杰出的多米尼加知识分子变成了好朋友，他曾经战斗在对抗特鲁希略的一线，还曾受到过酷刑的折磨。他对我的帮助很大，给我引见了许多为我提供了重要证词的人。

我做了非常详尽的调查。我并不想写真实的历史故事，而是想写一本小说，也就是说，在历史资料的基础上虚构一个故事，其中的想象力也发挥重要作用。

有读者认为小说里都是夸张的描写，现实不可能如此残酷。虽然看上去像是在撒谎，可实际上，现实要比小说中的描述更残酷得多。有的情节我没办法写进小说，因为它们看上去太不真实了。那些事真实地发生过，可如果写进小说，读者就会觉得难以接受，因为读者心中有一套防御机制，他们受不了过于恶劣扭曲的现实：如果书中情节过分冒犯到他们，那套防御机制会阻止他们相信书中的描写，让他们拒绝承认故事的真实性。因此我不得不删掉许多内容，因为太残酷了，读者接受不了。

特鲁希略属于那种不仅会压迫、恐吓社会，还会迷惑民众的独裁者。他们把他神化了，大部分民众对他顶礼膜拜。如果特鲁希略遇刺那晚，多米尼加人民能抓住刺客，肯定会当街把他们打死。那天晚上，成千上万的多米尼加人前去给那个位居拉丁美洲历史上最凶残独裁者之列的人表达了最后的敬意。我在圣多明各认识了好几位女士，年纪都很大了，她们回忆特鲁希略时都表现出了浓浓的思念之情，她们口中的特鲁希略是个美男子，衣着华贵，舞跳得很好，还冲她们说过一些挑逗性的话语。

特鲁希略的例子绝无仅有。在小说里，我讲了那个美男子，特鲁希略的娱乐部长的故事。在一次访问纽约的过程中，有人给元首带来一张海报，海报中的年轻人的脸上挂着完美的微笑，正在给一款牙膏做广告。他们对元首说那个年轻人是多米尼加人。特鲁希略说他想认识，于是手下就把那个叫曼努埃尔·德·莫亚·阿隆索的年轻人带来了。这个人就是我小说中的人物曼努埃尔·阿方索的原型。

特鲁希略对莫亚·阿隆索的优雅姿态印象深刻，雇他做自己的服装顾问，因为元首在这方面有特殊的需求。元首的肤色有些深，这让他很自卑，希望用服装来弥补这一缺陷。莫亚·阿隆索很出色地完成了工作，他为元首挑选西装、衬衫、领带、鞋子、香水和美白肤色的润肤膏。

莫亚·阿隆索凭借和元首的亲密关系以及在元首面前的影响力获得了巨大的权力。最开始他是元首的服装顾问，后来则负责给元首找女人。特鲁希略对女人的需求很大，但是他没时间谈恋爱，因为他实在太忙了，因此在最后那些年里，莫亚·阿隆索就负责在酒店里预订房间，在里面安排好姑娘们，那些姑娘被元首玩过之后就会被甩掉。这是莫亚·阿隆索每天都要做的工作。

莫亚·阿隆索后来被任命为公共工程部的部长，但他实际上是特鲁希略的娱乐部长。传闻当年特鲁希略得知阿隆索得了癌症、失去俊朗的外貌之后，曾经失声痛哭起来，后来特鲁希略再也不想见那个突然之间变丑的男人了。这是在多米尼加民间流传甚广的、关于这个人物的无数个故事之一。

在搜集材料的时候，驱使我整理素材、开始写作这本小说的想法是：在特鲁希略的统治中有许多的受害者，但受害程度最深的是女性。他随意玩弄女性：和她们睡觉，然后抛弃她们。不仅是元首，他的儿子们也肆意强奸女性。一旦他们看上了某个姑娘，就会把她绑架。他们知道自己不会付出什么代价，因为他们是这个国家的主人，这一点丝毫不容置疑。据说特鲁希略不绑架女人，因为他根本就不需要这么做，这个国家的一切都是他的。在多米尼加共和国，如果哪门生意没有特鲁希略家族参与，是绝对不会取得成功的。

据说每家每户从来都不会把钥匙从门上拔下来，因为这个国家压根就没有盗窃案。有一次，出现了一起银行抢劫事件，特鲁希略最好的传记作者罗伯特·格拉斯维勒讲述了特鲁希略的处理过程：元首把警察部门的长官全都叫到了他的官邸，对他们说道："你们记着，在多米尼加共和国，只有一个人能抢东西，那个人就是我，其他人都不行。所以这起银行劫案是对我的冒犯。我希望你们立刻把罪犯抓起来，不仅要抓他，还要把他全家都抓起来。"事情就是这样：他下令把抢劫犯及其所有亲属全部处决了。太可怕了！从那天起，在多米尼加共和国再也没发生过任何一起抢劫盗窃案。

我最后得出的结论是，在特鲁希略治下，受害最深的是女性，于是乌拉尼娅·卡布拉尔这个人物就浮现出来了。我希望这个女性角色能成为这本书的核心人物，以她的人生经历为线索，逐渐把故事建构出来。这个人物的原型是被特鲁希略家族侮辱过的无数女性之一，尤其是米拉巴尔姐妹，这是历史上发生过的真事。米拉巴尔姐妹三人非常勇敢，她们来自多米尼加共和国国内的一个小村庄，是反特鲁希略人士。米内瓦，三姐妹中的老大，是个非常聪明、勇敢、漂亮的女人。据说——我们不知道这是神话还是史实——特鲁希略在某次巡视中路过水目村，米拉巴尔家族就住在那里，他特地挑选了一个姑娘与他共舞，而那个漂亮姑娘就是米内瓦。元首很喜欢跳舞，梅伦盖舞跳得尤其好。据说跳舞的时候元首对米内瓦动手动脚，而这位姑娘直接给了他一巴掌。这个传说至少表现出了米内瓦的个性和勇气。

特鲁希略坚持追求米内瓦·米拉巴尔。他做了很多卑鄙的事，例如允许米内瓦学习法律，却在多年学习之后禁止给她颁发证书，好让她永远干不了和法律有关的事情。她则暗中行动，站在了特鲁希略的反对者一边。我曾经和她的一名战友聊过，他依然记得那个非同寻常的女子身上蕴藏的巨大的勇气，对我说：“我们搞了一次秘密集会，她坚持认为：‘你们得在被警察抓住前，先对彼此进行酷刑训练，这样才能学会如何抵御酷刑、不把同伴供出来。’”就像她所担心的那样，后来她被抓住了，遭受过酷刑折磨。最后特鲁希略下令把她和她的两个妹妹一起处死。那次，姐妹三人约定一起到离特鲁希略城很远的一所监狱探视她们的丈夫，通往监狱的路程长达数小时，特鲁希略手下凶狠的警察就在半路截了她们，用棍棒把她们活活打死，然后为了伪造成意外事故，她们被塞进了一辆卡车，被抛到了悬崖下。所有人都立刻反应过来那是一场谋杀，这次事件激怒了许多人，暗杀特鲁希略的刺客中至少有三个人就是因为这次事件才决心加入刺杀行动的。

如今，人们在圣多明各为米内瓦·米拉巴尔竖起了巨大的纪念碑，她成了抵抗特鲁希略独裁的象征。因此乌拉尼娅·卡布拉尔这个人物——尽管她身上也凝聚了其他许多人的经历——主要是受米内瓦的启发而创作的。《公羊的节日》利用了大量历史资料，但也有很多虚构的因素在里面。我写作时唯一的限制，就是绝不虚构那些在那个时代多米尼加共和国的背景下绝不可能发生的事件。

在我创作这部小说的过程中发生过一些很有趣的事情。有一个人物不断地成长，慢慢显示出比我预想的要大得多的重要性：华金·巴拉格尔博士。巴拉格尔是反对派律师，后来特鲁希略在参加大选时邀请华金·巴拉格尔加入了其所在的政党。从那时起，巴拉格尔就开始和特鲁希略合作，在独裁统治的三十一年中，巴拉格尔几乎担任过政府的所有重要职务，担任过几乎所有部门的部长、外交官，甚至是共和国总统，因为特鲁希略选择他来做傀儡总统。某日，有人问元首："为什么选巴拉格尔当总统？"元首回答说："因为他是唯一一个没有野心的人。"但特鲁希略错了：巴拉格尔的野心很大，他除了在特鲁希略统治时期担任总统，后来在民主时期相对自由的选举中还七次被选为总统。

巴拉格尔扮演着非同寻常的角色：他既是特鲁希略独裁时期的核心人物，又是后特鲁希略时期的核心人物。他让美国人相信，他是唯一有能力带领多米尼加共和国从独裁体制和平过渡到民主体制的人。最后他做到了：当然那种民主是相对意义上的，可是和特鲁希略的统治相比，已经算得上是巨大的进步。

　　我在写《公羊的节日》时，心里想的主要是特鲁希略，但也想着所有的独裁政权，它们之间有许多相似之处。在所有的集权体系中都有一个最高元首，因此我也利用了奥德里亚政府的一些特征以及我在秘鲁经历的一些事情作为素材，当然我也利用到了我在那些年里了解到的其他一些独裁政权的事情：尼加拉瓜的索摩查独裁、委内瑞拉的佩雷斯·希门内斯独裁、哥伦比亚的罗哈斯·皮尼利亚独裁和阿根廷的庇隆独裁。在那个时期，拉丁美洲除了哥斯达黎加、智利和乌拉圭之外的所有其他国家都遭受着独裁政权的摧残。我希望我的小说能总结考迪罗政权的经验，展示那些强人如何把国家变成他们的私人财产。我还想写一些更细致的主题，例如独裁者治下的人民的责任是什么，以及为何人民会轻易屈服于独裁统治，甚至有时还会协助巩固独裁政权。

　　这种情况似乎很难令人接受，可是在多米尼加共和国发生的事情清楚地证明了它的存在。最初还有抵抗，可后来基于很容易理解的求生欲望，普通民众屈服了，甘心受操纵，最后默许了那个强人对他们做任何他想做的事情。多米尼加人民对特鲁希略的极端屈服不是三言两语可以说清楚的。举个例子：元首的儿子兰菲斯刚刚年满十岁就被任命为将军。当时拍摄了许多以那个小朋友为主角的、让人直冒冷汗的照片：小孩子穿着将军服，正在接受多米尼加武装部队和所有外国大使的致敬。特鲁希略主持了那场典礼，他的家人都戴着奇特的帽子，有的上面还插着羽毛，身上则穿着不可思议的礼服，所有那些服饰都是由莫亚·阿隆索设计的。有了这位服装顾问的帮助，特鲁希略感觉自己就像罗马帝国的佩特罗尼乌斯一样容光焕发。

我希望在这部小说里展现所有这些事情。这部小说不仅包含众多历史素材，还有大量虚构和幻想的成分，或者说，很多想象出来的东西。

写作过程

鲁文：你的调研过程和历史学家或学者做调研的过程很像。你同时也查阅了大量档案文件。

略萨：是的：我先是做调研，开始写初稿的时候继续调研。我的初稿总是像一团糨糊：处于非常混乱无序的状态。有的只是单纯的描写以及从不同视角出发重复描述的片段。可这种原始材料会让我有安全感，从那些材料里，我可以找出某种形式，它就像一直被埋在大理石堆下面，而那就是我想讲的故事。那种不追求特定风格的作品初稿对我有非常大的帮助，因为他所赋予我的安全感是我在每次着手创作一部小说之初并不具有的。相反，当这个布满涂改痕迹、通常会比正式出版的小说多很多页的稿子出来之后，我就可以安心地写下去了。我知道真正的小说就藏在里面，我要做的就是找到它，对它进行删改，再重组某些情节。总而言之，小说初稿能让我清楚地知道小说的结构该是怎样的，以及谁才是那部小说的主要人物。然后我会写第二稿，通常还会写第三稿，那就到了整个写作过程中我最喜欢、也最让我开心的阶段了。最初一遍修改会耗费我大量的精力，但在进行第二、第三遍修改的时候，我就是怀着高兴的情绪去做这件事了，而且我的信念也会更加坚定。所有这些修改版本的稿子都保存在普林斯顿大学：我觉得那里至少有三个版本的《公羊的节日》。

文学技巧：隐藏的材料

鲁文：你以文学技巧成功地把《公羊的节日》中的一段悲剧变成了秘密：读者知道发生了一些不好的、可怕的事情，而且这件事情毁了乌拉尼娅的一生，可是直到全书的最后几页，它的原委才浮出水面。这个秘密激起了读者的好奇心，驱动着他们继续阅读下去。在《酒吧长谈》里我们也看到了相似的例子：安布罗修和堂费尔民之间也有某个秘密，而那个秘密也几乎贯穿全书。

略萨：在所有我写的小说里几乎都有那种秘密，我管它叫隐藏的材料。材料就在那儿，却一直不现身，同时又会对环境产生巨大的影响，比我把它写出来的效果还好。小说总是包含着许多隐藏的材料，因为我们不可能把所有事情都讲出来。重要的是，隐藏的材料要有价值，有象征性，能够和故事发展有机地联系在一起，能够适时中断故事的讲述。由于缺失了这些材料，读者对于真正发生了什么就有了一种不确定性。如果隐藏的材料能发挥作用，那么读者就会参与到创作中来，自己去把缺失的部分补全。

海明威经常使用这种技巧。在他的短篇小说中有许多隐藏的材料，促使读者能在阅读的过程中保持注意力。

米格尔：我在阅读《公羊的节日》时隐约猜到了乌拉尼娅经历了怎样的事情。我当时在意的问题是：如果说那场强暴是隐藏材料，您会不会把它写出来？我想问的问题是：您为什么最后决定把它写出来？

略萨：我从一开始就知道我要把它写出来。如果我不把那个核心场景写出来，乌拉尼娅这个人物就会显得有些无法让人理解。这是小说中的基本性材料，可以象征性地展现独裁统治的残暴。父亲把女儿献给特鲁希略，任他为所欲为，这是非常可怕的事情。除此之外，阿古斯丁·卡布拉尔很爱他的女儿，两人之间始终保持着良性、亲密的关系。但是突然发生了那个可怕的事件，展示了独裁能够把人性侵蚀到怎样的地步。

同时，有些场景是作者不能在读者做好准备之前就直接扔到读者眼前的，因为那样的话，读者的防御机制就会启动，被那些场景刺激，就不再相信书中讲述的故事了。小说家就是要一点点地卸去读者的防备。

在描写元首强暴乌拉尼娅的场景之前，读者已经读到过同样残酷的情节，他们已经做好准备接受一切，因为他们猜得到乌拉尼娅经历了很可怕的事情。在小说描绘的那个世界里一切都是有可能发生的。因此不管在乌拉尼娅·卡布拉尔身上发生的强暴事件有多么可怕，在当时的背景下都会显得非常可信。

拉腊：这部小说里还隐藏着另一个秘密：特鲁希略被那群驾车的年轻人暗杀的事件。两个情节之间有一种交叉，也就是乌拉尼娅的情节和暗杀者们的情节，二者的秘密又都是在小说结尾部分才进行揭秘。您能谈谈那两个秘密以及那两个情节之间的关系吗？

略萨：现代小说——或者说我们这个时代的小说的特点之一，就是对时间线索的组织不必遵循时间发展规律。可以打乱时间，甚至把时间转化为空间。同时，角色可以在空间中移动，在现代小说里，角色也可以在时间中移动：发生在将来的情节可以跳到发生在过去的情节中。在这些小说中，情节之间的远近和时间顺序无关，而是和它们的内部联系或排斥关系相关。有的相似场景可以放在一起进行讲述，哪怕它们实际上发生在相隔遥远的时间点上。完全相异的场景也是如此，因为它们可以创造出某种隐藏的联系。对立性是拉近不同情节的灵丹妙药。

至少在我的例子里，这样做纯属直觉。我能感觉到，如果我把某两个情节放到一起，二者会同时显得丰富。再把它们分隔，放到不同的时间里，就会激发读者的好奇心，帮助他们更好地进入到小说所描绘的世界中，这要比按照时间发展顺序进行描写的效果要好得多。对我而言，在不同情节的时间关系上保持深邃性和模糊性是很重要的。我喜欢时不时地中断故事，再一点点地把它们写清楚，这对保证故事的可信度而言十分重要。如果读者觉得故事不真实，那么故事就死掉了。因此要始终保持读者的好奇心，同时也要让他们觉得故事是真实的。E.M. 福斯特 ① 在他的一篇文论作品中说过："重要的是让读者在每一页都问自己：'然后呢？下面发生什么了？'"如果做到了这一点，那么小说就成功了。但如果读者觉得无聊或走神，那么小说就失败了。

　　和强暴乌拉尼娅的场景不同，特鲁希略之死的场景和史实十分接近。刺杀者中，只有一位依然健在。我去拜访了他两次。特鲁希略的支持者曾经有三四次试图杀掉他，其中有一次是在圣多明各市中心对他进行扫射，可是他开车逃掉了，一直开到了医院。我去拜访他的时候，他的周围全是警卫。他告诉我，他曾经是特鲁希略的支持者，暗杀小队的一半成员都曾支持特鲁希略。他对我说道："对我而言，促使我加入暗杀小队的最具决定性的事件，是他们对米拉巴尔姐妹的谋杀。"此外，他还用很大男子主义的方式对我说："他们杀我们的孩子，杀我们的父母，最后连我们的女人都杀，这就过分了。"他说，"于是我决定杀掉特鲁希略，因为他的所作所为已经越过了我们的底线。"这是一个很有趣的人物，一个在许多年里忠于特鲁希略的军人，曾经在部队里身居高位，直到米拉巴尔姐妹被杀身亡。

　　刺杀小队中还有一个人是坚定的天主教徒，他甚至去咨询过教皇特派使节，圣多默 ② 是否真的说过杀死暴君是正义之举。他的儿子说，当时教皇使节说，圣多默没说过这种话，但默默

---

① 爱德华·摩根·福斯特（Edward Morgan Forster, 1879—1970），英国作家。
② 俗译多马，耶稣十二门徒之一。

地把手指移到了经书中讲述诛杀暴君的段落。

人　物

特鲁希略

鲁文：《酒吧长谈》和《公羊的节日》有许多相似之处。其中最大的相似点就是描写独裁给我们通常以为和政治关联极小的那部分人带来的影响：用人、司机、青少年、儿童。两部小说都是这样。不过这两本书也有一个最大的不同：独裁者本人从来没在《酒吧长谈》中现身过。

略萨：奥德里亚从来就没出现过，相反，在《公羊的节日》中，独裁者是故事的核心人物。

迭戈：我想问您一个关于特鲁希略和奥德里亚明显的不同之处的问题：特鲁希略愚弄了他的子民，获得了广泛的支持。而奥德里亚则不同，他似乎没有类似的愚弄人民的能力。

略萨：这两个人有的方面很不一样：奥德里亚独裁只持续了八年，而特鲁希略在权力的顶峰待了三十一年。奥德里亚很平庸，特鲁希略则很有能力，尽管他把能力都用在了邪恶的方面。奥德里亚注意约束手下的掠夺行为，因为他本人掠夺的东西就不多。我记得一件轶事：我的一个朋友曾经问一位出租司机："您要投票给藤森？您不知道他是个强盗吗？"而那个出租司机回答说："不，不，藤森只抢适量的东西。"这种说法简直太精彩了：只抢适量的东西。奥德里亚就是这样：只抢适量的东西。真为缺乏野心的秘鲁人感到高兴，奥德里亚从来都不觉得自己是救世主。他只是一个贪污腐败的小独裁者，可能再加上一点残暴，但跟特鲁希略的暴行压根没法比。

鲁文：能给我们说说为什么决定不把特鲁希略像奥德里亚那样隐藏起来吗？

略萨：在《酒吧长谈》里，我感觉独裁者的缺席始终留下了一个空白：我们能感受到独裁带来的影响，但这些不是由独裁者本人表现出来的，而是借助那位等级略低的官员"臭卡约"来体现的。小说走到了奥德里亚的办公室门口，但从来都没走进去。我始终感觉那里有什么东西缺席了。因此我在开始写《公羊的节日》的时候就决定采取相反的写法：执掌大权的是独裁者本人，他才是这个故事的核心人物。

后来在我写了大半的时候，卡里·阿切在他家里组织了一场晚宴，宾客都是当年独裁政府的官员，是一些在特鲁希略政府办公室或其他部门工作过的人。让我难以忘怀的是，那些年纪已经很大了的先生们谈论元首的方式近乎宗教崇拜，那股崇拜劲儿很容易让人联想特鲁希略在世时听到的各种歌功颂德的赞歌。

其中一位当年是最铁腕的镇压者，此君几年前自杀了，他是空军上校，还是兰菲斯·特鲁希略的好朋友。我做调查时，通过一位女性朋友获得了一次与他谈话的机会。他当时已经退伍了，在国外生活了许多年，回国后领导了一家公司。有人说他是主业会的信徒，每周日都会受圣餐，还会施舍穷人。他同意见我。那是一个很冷酷的男人，像条鱼一样冰冷。见面后，他就开始和我聊了。当然了，他是站在特鲁希略一边的。不过他并非盲目地捍卫元首，他说："这个国家在元首出现之前简直一团糟。派系斗争很严重，整个国家都处在极度野蛮的状态，直到元首出现，才让一切恢复了秩序。我们当时是整个大陆最繁荣的国家。这个国家终于有了法制。"我对他说："请原谅，但是我想向您提个问题。何塞·伊斯拉尔·古埃略，我的一位多米尼加朋友，曾经把我领到他的办公室门前，给我讲了一个故事。他说他曾经被带到了那把有名的电椅上，那些人正在折磨他的时候，您走了进去，对他说：'你不感到羞耻吗？我认识你爸爸，他是个体面人。你怎么敢搞阴谋诡计呢？'那时您手里有一条鞭子，当即在他脸上抽了一鞭，您给他脸上留下的疤痕至今依然清晰可见。"然后我问他："这件事是真的吗？"那是我在整个谈话过程中第一次看到他变了脸色，同时显得有些迷茫，后来他回答我："您想听真话？我已经不记得您说的这件事了。"

　　我当时想：他之所以不记得，是因为他进过审讯室无数次，所以他的记忆出现了混乱。因为他不止去过一次。如果他是真的不记得那件事，唯一的解释就是，他曾用手中的鞭子抽打过无数人的脸，所以搞不清了。这个男人——和兰菲斯一样——是在首都市郊的一处农场中折磨和杀害了刺杀特鲁希略的刺客的众多罪人之一。类似的事情，我还能讲出几百件，都是我创作这部小说时的素材。当年发生过太多的事情，所以最困难的反而是如何挑选它们，把其中一些弃而不用。

鲁文：看上去特鲁希略已经掌控了一切，但他还是无法控制自己的身体：肤色、性能力和膀胱。

略萨：特鲁希略有着严重的小便失禁问题。他尿得到处都是。据说有一个部长总是会坐在他身边，专门在他尿裤子的时候往他裤子上倒一杯水：看上去是意外，元首还会责备部长的马虎大意。由于他严重的男权倾向，这种事给他造成的困扰很大：好像这种情况有损他的男性雄风。他本人对此烦恼不已。

我在小说里讲了一位多米尼加医生的故事，他在美国接受教育，很有才能，他见了元首，给元首作了诊断。他说："您得了癌症。必须进行手术，立刻就得进行手术。"可元首太多疑了，下令给他找来全世界最顶尖的专家，也就是当时住在西班牙的泌尿科专家普伊赫韦特医生。于是一队多米尼加人出发去寻找那位医生，没告诉他病人是谁，只说是一位多米尼加富翁需要接受治疗。在他的回忆录里，普伊赫韦特讲述自己给特鲁希略做了检查，然后对他说："不，您没得癌症，只是有些炎症，但可以治愈。"特鲁希略回答说："啊，这么说另一位医生是想杀了我。"于是他下令把那位可怜的医生处死了。但实际上他确实得了癌症：第一个医生是对的，犯错的是普伊赫韦特医生。这真是太可怕了：一个年轻有为的医生因为做出了正确的诊断而被杀害了。从这个例子我们可以看出，人命对特鲁希略而言一文不值。他有被害妄想症，总觉得有人要暗害他。

埃米利奥·莫雷诺（下文简称"莫雷诺"）：有这样一个场景：特鲁希略对约翰尼·阿贝斯·加西亚说有些嫉妒他，因为他也想有个像他老婆那样有能力的女人当自己的老婆，让他在做某些决定的时候也获得支持。这很有意思，像特鲁希略如此大男子主义的当权者却承认说想要一个有能力的女人在身边。这段对话让这位独裁者的形象更复杂了。

略萨：特鲁希略的双手始终沾满鲜血。最后成为他妻子的那个女人原本嫁给了一个军人，很明显，特鲁希略为了占有她而把那军人杀死了。他掌权后，那个女人成为了第一夫人，可是在街头的人们称呼她是"西班牙小女人"，因为她有欧洲血统。最后她和特鲁希略的婚姻关系名存实亡，她的生活基本上和特鲁希略完全无关。我们对她唯一的了解就是，她非常贪婪，把很多钱都转移到国外去了。

鲁文：《公羊的节日》中，探讨最深入的话题是权力是如何麻痹人，使人失去理智。在集权状态下，特鲁希略丢掉了和现实的联系，他甚至认为自己不仅可以在他的国家无法无天，在世界其他国家也可以做同样的事情，无论是在纽约还是在委内瑞拉。

略萨：就是这样。在他试图暗杀政敌、委内瑞拉总统罗慕洛·贝坦科尔特①的时候，我们就见证了那种疯狂。暗杀小队安装了汽车炸弹，可是计划失败了，贝坦科尔特上了电视，手部被烧伤，他指责特鲁希略是暗杀行动的幕后黑手。这在国际社会掀起了一场轩然大波，特鲁希略因此在拉丁美洲乃至世界其他地区都失去了威望。那次失败的暗杀也为他的垮台埋下了伏笔。

　　马利斯：特鲁希略和语言之间的联系也很耐人寻味：有这么一个场景，独裁者听巴拉格尔总统发表演讲，后者在演讲中把特鲁希略比作上帝。元首记下了那段演讲，反复念叨着其中的段落。这种对语言的使用是近乎宗教式的，就像教徒在教堂里重复着某句箴言。

　　略萨：那个片段也是基于史实创作出来的。特鲁希略对巴拉格尔的演讲印象深刻，巴拉格尔当时说："在我们多米尼加一半的历史中，都是上帝在保佑着我们这个国家存在下去，他帮助我们抵御住了海盗和飓风。但是突然有一天，上帝觉得累了，他要找一个人来接替他的工作。这时特鲁希略就出现了。"特鲁希略非常喜欢这种说法，因为它进一步确立了自己作为救世主的形象。

　　关于特鲁希略和语言之间的关系这个话题，还有一个很重

---

① 罗慕洛·埃内斯托·贝坦科尔特·贝略（Rómulo Ernesto Betancourt Bello，1908—1981），委内瑞拉政治家、作家、民主行动党创始人，1959 至 1964 年间任委内瑞拉总统。

要的例子。我在为小说做调查的时候,《利斯亭日报》的主编对我说,特鲁希略时期——那时这位主编还是个记者——最危险的版面就是社会版,因为特鲁希略只读社会版。那个独裁者既不读社论,对国际新闻也不感兴趣,但是会非常仔细地阅读社会版。那个版面成了首都生活中一个很重要的元素,因为通过它可以了解这个国家正在发生的事情,当然你得先学会如何去破译上面写的东西。例如,其中一个关键就是称谓。举一个例子,特鲁希略的母亲在那个版面里一直被叫作"淑媛"。① 我敢肯定,全多米尼加都没人知道"淑媛"是什么东西。但是那个称呼让特鲁希略听起来觉得很高雅,于是他的母亲就变成了"淑媛",或者说,尊贵无双的夫人。而特鲁希略的父亲则成了"高贵的绅士",他的其他亲人的称号也都是这个套路。日报主编对我说,读者们一眼就看得出来哪个大人物失势了,因为报纸的社会版上会停止使用对那个人的特殊称谓:"高雅的绅士"或"杰出的绅士"会突然变成张三李四,诸如此类。于是社会版就成了一份指南,人们能很清楚地看出哪个人出事了或者哪个人马上就要出事了。主编对我说,有时候会从元首官邸传来一条消息说:"某某人不能再被称为'优雅的绅士'了,从今天起只能简单地称呼他为某某先生。"当事人读到那份报纸,看到自己的名字不带修饰地出现在社会版的时候,就会被吓破胆。因为那就像是一个信号,意味着那个人要被关进监狱了,也有可能会在一夜之间音讯全无。所有这些都会体现在社会版上。

---

① 在《公羊的节日》里,特鲁希略母亲的特殊称号是"伟大母亲"。

无论是哪种报刊，社会版的新闻往往是阅读量最小的，只有特别无聊的人才会对它们感兴趣，可就是这个版面在特鲁希略统治时期取得了如此大的重要性，这就可以看出独裁政权有能力把社会扭曲成什么样子。它对那个国家的居民生活有着完全的掌控。

鲁文：你接触过特鲁希略讲话的录音吗？他讲起话来是什么样的？

略萨：我听过。他的嗓音很尖，因此很多时候他都让别人替他读演讲稿。他自认为是全多米尼加最有男子气概的人，可是他的说话方式完全与之不相称。听到录音里那又尖又细、像鸡叫一般的嗓音，真是让我印象深刻。

马利斯：特鲁希略的个人性格和多米尼加共和国的男权传统有什么关联吗？

略萨：特鲁希略通过各种称呼来体现自己的男子气概，他的个性在多米尼加共和国激化了大男子主义问题。他是一个和佛朗哥不一样的独裁者，后者不过度炫耀自己的男性魅力，因此没有激化西班牙的大男子主义问题。

亚历山德拉：您能给我们讲讲像特鲁希略这样的独裁者的心理吗？他们的行为是心理问题的体现吗？

略萨：把独裁者看作反常的人，我觉得是个错误。这其实来源于我们内心无意识生出的防御机制：想着"那个人和我们不一样"。但可怕的是，独裁者们确实和我们一样。他们就是从我们这些人里走出来的，他们的行为在登上权力顶峰之前也都是正常的，是权力把他们内心的怪兽引诱了出来，我们每个人的心里都有那种怪兽。独裁者也是普通人，只不过权力把他们变成了怪物。所以最好还是生活在一个权力不过度集中在某一个人手里的体系中，因为如若不然，居住在我们心里的那头怪兽就会被释放出来。

鲁文：特鲁希略属于那种很有话题性的独裁者，他的出格言行和奇特个性使得和他相关的事情很适合被选为文学创作的素材。但也存在另一种此类色彩相对暗淡的独裁者，似乎不太适合被写成文学人物，例如奥德里亚和皮诺切特。

略萨：皮诺切特是典型的拉美式独裁者。他和奥德里亚、佩雷斯·希门内斯、罗哈斯·皮尼利亚是一类人，是那种缺乏个人魅力的军事独裁者，整天绷着脸，戴着深色眼镜，穿着严肃的军装。皮诺切特的独裁是制度性独裁，军队一揽大权，甚至连决策权都属于军方。特鲁希略则不一样，他是小丑式的人物。因此在他的独裁统治下才会发生那么多离奇的事件。特鲁希略也比皮诺切特残暴得多：他可以非常和善地和某人交谈，却在五分钟后下令把那人处死。

米格尔：特鲁希略独裁属于何种意识形态？在最后几年里，特鲁希略一边惧怕共产主义，另一边又在惧怕美国，还惧怕教会。在意识形态方面，他似乎表现得非常混乱。

略萨：像特鲁希略的这种独裁是不讲意识形态的：它属于考迪罗独裁。对他而言，搞好和美国的关系非常重要，由于美国人说，要有选举，于是他就组织了大选，再设局赢得选举。那时发生过许多怪事，其中之一就是当美国坚持认为必须进行自由选举时，特鲁希略接受了，然后他以反对党候选人的身份参加了选举，而他的竞选对手是巴拉格尔总统。他手下的傀儡赢得了总统大选。

他举止之荒唐，世所罕见，那是因为在他的国家，他想做什么都能做成。他就像雕塑家，随意摆弄着手中的泥巴，随心所欲地操纵着多米尼加社会，甚至玩出了以反对党候选人的身份参加选举的把戏。他手中的权力实在大到了无以复加的地步。

马利斯：如果说您的想法是展现权力如何腐化一个人，那么为什么这部小说没有讲特鲁希略当选总统之前的人生呢？

略萨：他在获得权力之前是一个十分乏味的人物。他在一处农庄当打手，负责看管那些不听话的农民。在1916年美占期间，他加入了小型的海军培训团队，那是为多米尼加国民卫队充实力量而做的训练，那时候他才逐渐有了某些个性：很守纪律、服从命令。他表现得很好，只花了很短的时间，就让那些训练他们的美国人把他提拔成了国民卫队长官。美国人离开之后，国民卫队成为了那个国家唯一的权力机构，于是特鲁希略手中的实权越来越大。选举开始后，他作为候选人参选并最终赢得了大选——我们永远不知道那一次他是干干净净赢得大选的，还是说耍了某些花招——胜选的部分原因是身边不乏像巴拉格尔这样的好帮手。

他一登上总统的宝座就开始集中权力，清除敌人。他心中的野兽日渐展现出强大的力量，集聚的权力越多，就越专制，越为所欲为。我认为所有的独裁者都是这样的，是过度的权力把他们变成了嗜血的野兽。

亚历山德拉：我想问您关于特鲁希略和梵蒂冈签订协约的事情，这个情节也被您写进了小说。或者把话题展开，我想请您说说特鲁希略独裁政权和教廷之间的关系。

略萨：最开始的几年，教廷是支持特鲁希略政权的，直到它变成了顽固的独裁政权之一。再后来二者就渐行渐远了，教廷后来转变为批评的态度，而在特鲁希略统治的最后几年，教廷成为了反特鲁希略的中坚力量之一。有两位大主教受到过特鲁希略政权的猛烈抨击，一个是美国人，另一个是西班牙人，这两位大主教后来变成了特鲁希略政权最主要的批评者。小说中对这部分的描写还是很倚重史实的：我选择尊重真实的情况，虽然那些事件本身就很有虚构色彩。

乌拉尼娅·卡布拉尔

莫雷诺：我对乌拉尼娅与她的祖国之间的关系很感兴趣。她小时候亲身经历过独裁恐怖，最后逃了出来，在美国重新开始了自己的生活。她在那里学习、拿到了学位，还在纽约找了一份很好的工作。她把自己在特鲁希略城经历过的恐怖事件都抛在身后。可是有一天她决定回去，我们不知道究竟是为什么：她似乎没必要再回到那个充满不堪回首的记忆的地方去。

略萨：乌拉尼娅和她的祖国有很强的心理联系。她受过严重的心理创伤，她永远都没能从中走出来，而那个创伤就是在那座岛上留下的。回到她童年生活过的城市是一种寻根。她的一生都被童年的那段经历的阴云笼罩着，直到回到那里，她才发现自己其实从来没能彻底战胜那一切，那段经历依然在折磨着她，她的生活也一直遭受影响。从表面看，她已经解脱了，可实际并非如此：就是那种感觉把她从纽约又带回到了多米尼加共和国。

我到圣多明各进行宣传活动时，给我印象很深的是《利斯亭日报》上刊登的一封信。在信中，一位先生写道："读过小说，我认为有必要讲一讲我妹妹的故事，在她身上发生的事情和乌拉尼娅·卡布拉尔很相似。我们全家都曾是特鲁希略坚定的拥护者，可是特鲁希略强奸了我妹妹。我们是天主教家庭，那次事件彻底摧毁了我们。我的父母离开了多米尼加共和国，可是我的母亲一直没能从那件事中恢复过来，直到去世时依然有精神问题。而我的妹妹，尽管受到的伤害很大，可她还是努力开启了新生活。您的小说带给我的触动很大，因为它讲的就是我妹妹的故事，讲的就是特鲁希略怎样摧毁了我的家庭的故事，我想类似的事在很多家庭身上都发生过。"

我保留了那封信，它实在令我难以忘怀。乌拉尼娅身上发生的事绝非个例，很遗憾它曾经在现实世界中发生过无数次。

鲁文：你一开始就很清楚乌拉尼娅会离开这个国家吗？那和在米内瓦姐妹身上发生的事情完全不一样，而她们是乌拉尼娅这个人物的原型之一。

略萨：我希望她能离开，因为如果不保持这种距离感，这个人物身上的闪光点就很难被表现出来。她擅长思考，能够进行反思，是一个很有想法的女人，能够用批判性的眼光审视身边发生的事情。所以让她在另一个国家开始新生活并取得成功是很重要的安排，只有这样，她才能拥有充分的自由和自信再回来面对她的父亲，这个要为她的悲剧负最大责任的男人。

夏洛特：乌拉尼娅似乎是唯一对自己的生活有决定权的人物，可即使这样，也有一种无形的力量推动着她回到多米尼加共和国。在小说的一个场景中，有人说，所有的多米尼加人，无论是以何种方式，最终都会屈服于特鲁希略的统治。埃斯特雷亚·桑达拉（Estrella Sadhalá）就曾总结说："'公羊'夺走了所有人身上的神赐天性：自由意志。"

略萨： 独裁确实会夺去人的自由意志。独裁者垄断自由，大部分民众会失去判断力、不再进行思考，他们把所有事情的决定权都让给了大权在握的那个人，甚至与他们的生活切实相关的事情也是一样。这是所有独裁政权的共性。除此之外，在专制体系中还会出现所有权力都集中在某一个人手里的情况。自由意志彻底消失了，个体不再对自己的生活有决定权。

特鲁希略曾经得知有个很聪明的人是反政府的，他给那人打去电话，对那人说："您是很棒的经济学家，我想任命您为我的经济部长。"由于所有人都不能对特鲁希略说不，所以到了最后，他所有的敌人、所有反对派成员，甚至那些最激进的人，都开始为他效力，成了独裁政权的一部分。这是最大的羞辱。特鲁希略知道自己握有绝对权力，能把敌人捧起来，深深地腐化他们。这是对政敌最灵活的复仇方式之一。

夏洛特： 这种复仇和羞辱带来的影响甚至在特鲁希略死后还在持续，乌拉尼娅就是例子。

马利斯： 在您的不同的小说中，有三个女性人物扮演的角色最为重要：乌拉尼娅，弗洛拉·特里斯坦①和《酒吧长谈》里的阿玛莉娅。这三个女性人物有一个共同点：她们都是性方面的受害者。

---

① 出自《天堂在另外那个街角》。

略萨： 我没想过这个问题，不过这三个人物确实都有类似的经历。男权总是会在性的侵略性方面体现出来。性是大男子主义表现最突出的领域，因此会对女性造成更大的伤害。在弗洛拉·特里斯坦的例子里，她的丈夫虐待她。她有逃离的勇气，不过那意味着要承受巨大的风险，因为在那个时代，抛弃丈夫是一种罪，可能会被扔进监狱关上好几年，哪怕他虐待过她。她沉默了将近十年：我们对那段时间中发生的事情一无所知，不知道她在哪儿，也不知道她做过什么。我认为她跑去英格兰当女佣了。她的笔记里写了许多用人生活的事情，所以我才有此推断。

乌拉尼娅·卡布拉尔很不一样：我希望她是有文化的女性，保持着某种独立性，能够远距离用批判的目光审视在她的国家发生的事情。因此她在一所重要的大学学习，成了杰出的律师，尽管所有这些都没能把她从童年创伤中彻底拯救出来。

玛丽嬷嬷

马利斯： 乌拉尼娅和其他两位发挥了重要作用的女性角色一起，在这部小说里组成了一个三角形的结构。第一位是乌拉尼娅的妈妈，这个人物略带虚幻色彩，第二位是玛丽嬷嬷，她就像卑微的女英雄，尽管您在小说里并没有明确指出这一点。

略萨： 对：乌拉尼娅的妈妈在小说里几乎是隐形的，而玛丽嬷嬷不一样，她更具主动性。

鲁文：这个人物有现实原型吗？

略萨：没有。乌拉尼娅·卡布拉尔上学的学校倒确实有现实原型：是美国的一所修女学校，在特鲁希略政府效力过的人都会把女儿送到那里去，直到现在那所学校依然存在，也依然在为小女孩们提供教育服务。我一直想让乌拉尼娅逃到国外去，在那里，乌拉尼娅可以以另一种角度观察自己的祖国。

我需要一个人物来作为乌拉尼娅逃离的桥梁，玛丽嬷嬷这个人物就是这样构思出来的。她是次要角色，却能给人以亲切感，这在一个暴力和腐败横行的世界里显得尤为珍贵，她属于那种正直、纯粹的人物。

阿古斯丁·卡布拉尔

略萨：乌拉尼娅父亲这个角色倒确实有原型，那个人在长达二十年里一直是特鲁希略的左膀右臂。特鲁希略一直对他很好，直到有一次在西班牙访问期间，他突然想邀请佛朗哥来多米尼加共和国进行访问，佛朗哥对他说："我不能离开西班牙，因为我不像你，有个左膀右臂般的帮手。"这句话触动了特鲁希略，元首心想："大家都认为他是我的左膀右臂，换句话说，他是一个有能力取代我的人。"

特鲁希略和这位首席助手从西班牙回国后的第二天，所有的多米尼加报纸开始攻击这个可怜的男人，说他是小偷，是无能的笨蛋。于是此君，就像阿古斯丁·卡布拉尔一样，开始问自己："到底出了什么事？我是这个国家的二号人物，可是突然沦落到这种地步了。"他被人指控贪污敛财,被关进了监狱。特鲁希略没收了他的所有财产。两年后,他被放了出来,被任命为驻瑞士外交官,条件是再也不能回到多米尼加共和国。从特鲁希略的左膀右臂瞬间变成了可怜鬼,完全被遗忘了。发生这一切,仅仅是因为特鲁希略的脑子里闪过一个"此君有能力夺权"的念头。

这充分表现了多米尼加人的生活有多么不稳定,哪怕是最有权势的人,也可能瞬间失势。就连权力也是不稳定的,因为特鲁希略可能会在毫无预兆的情况下夺走你手中的权力,有时可能只是心念一动的结果。那个人身上发生的事情就是个例子,因为完全没有证据表明那人想要篡权,一点迹象都没有。

阿古斯丁·卡布拉尔的例子也很有意思:他是很有头脑的人,曾经是反对派的一员,但特鲁希略让他在政府中担任要职。独裁会腐化整个国家,仅存的、干干净净的人,可以算得上是英雄,他们要冒着受折磨和被谋杀的风险。普通人则最终会因发生在周围的事情而被腐化。

鲁文:能给我们说说你为什么决定让阿古斯丁·卡布拉尔失去说话能力吗?乌拉尼娅回去看他,但是他已经病得很重,没办法说话。

略萨:这位父亲出场的时候已经失去了一切,包括说话能力。如果他能说话,他可能会进行辩解,那么小说就要写一写父女之间的争吵。我更倾向于让乌拉尼娅来一场独白,让她自已把内心深处的秘密讲出来。如果她父亲不是那副样子，两人之间的关系会更加紧张，那么情节就得朝着另一个方向发展。我希望在乌拉尼娅的故事中，能呈现出全方位的复杂性，因此我选择让她的父亲做一名听众。他只是听，我们并不知道他是否明白女儿对他说的话。我很喜欢"让父亲无法言语"的这个设定，因为这使得我可以更好地塑造乌拉尼娅的个性。我想讲的是乌拉尼娅的故事，而不是阿古斯丁·卡布拉尔的故事，而且他是一个历史人物，他的故事我们已经知晓了。

暗杀者

马利斯：《酒吧长谈》和《公羊的节日》有所不同，前一本书里没有英雄：到了最后，所有人物在道德方面都沦陷了。而这本关于特鲁希略的小说则不同，里面确实出现了英雄：那些怀抱理想的年轻人拿自己的生命去追求自由。《酒吧长谈》看上去没有出路，而《公羊的节日》则有。

略萨：杀死特鲁希略的年轻人确实算得上是英雄。他们知道自己会死，但仍为了信仰而采取了行动。这种英雄主义在《酒吧长谈》里是没有的，反对派的领袖们太平庸了，那部小说中其他所有的人物都是如此，非常平庸，没有魄力。

合　作

拉腊：《公羊的节日》展示的环境中，没有什么人是清白的：所有人都被独裁腐化了。例如，虽然她的人生是被特鲁希略摧毁的，但乌拉尼娅仍把罪过归到她父亲头上。我们感觉所有人都有过错，只是错误的程度不同：有的是被动合作，有的是主动合作，有不择手段的人，也有厚颜无耻的人。

略萨：没错：多米尼加社会中，有很多人是很难确定他们肩上的责任到底是什么。就像贝尔托特·布莱希特 ① 的一首诗里说的那样："啊，这个国家需要英雄！"一个国家渴求英雄出现，是一种很可怕的状况，因为只有极少数人才算得上英雄，他们是可遇不可求的。英雄都具有很特殊的品格，需要准备好失去生命，忍受折磨，为了某种信念甘心付出一切。

普通民众的责任到底是什么？这个问题很难回答。例如，我们假设有一个可怜人，他很勤劳，在他所处的领域里表现很突出。有一天，独裁者突然给他打去了电话，任命他为政府官员。那个人根本无法拒绝，因为拒绝意味着坐牢或被杀。那么他的责任是什么？毫无疑问，他承担着某种责任，但和施刑者的责任明显不同。确定每个公民身上的责任成为不可能。这就是独裁统治最可怕的地方，它会腐化所有人。整个国家都会陷入腐败和犯罪的泥淖之中。这是那些有着长久的独裁历史的国家所共有的巨大悲剧。

很难辨别人与人之间的界限。有的人出于恐惧而合作，另一些人则是出于信仰：他们坚信是特鲁希略让这个长久处于混

---

① 贝尔托特·布莱希特（Bertolt Brecht, 1898—1956），德国戏剧家、诗人。

乱的国家稳定下来。确实，特鲁希略治下的多米尼加共和国曾经有过经济上的繁荣：有工作和安宁，但这种安宁更像是坟墓中的宁静。没有小偷和强盗，家家夜不闭户；人们想去哪儿都行，没有人会抢劫他。那种安全状态是独裁统治的附带作用。例如，佛朗哥的支持者是这么说的："佛朗哥在任时的西班牙很安全，人们想去哪儿就去哪儿，根本没有抢劫案发生。可民主体制建立后，就出现了抢劫事件，小偷也开始入室盗窃。"

维多利亚：如果说独裁腐化了所有人，那么特鲁希略对整洁的追求就更具讽刺意味了：他喜欢熨烫整齐的西装和纯白色的衬衫。还有一场种族性的清理运动作为例子：他下令屠杀海地人，以此保持多米尼加共和国人种的纯正性。他认为这是一种洗刷自己政治和道德肮脏性的方式吗？

略萨：特鲁希略就像恶魔，外表看上去十分光鲜，从头到脚收拾得都很得体。他看到军人的军装上掉了颗纽扣都会勃然大怒。对于那些没把军靴擦得光亮的军人，他会施加可怕的处罚。

海　地

鲁文：作为故事背景之一，这部小说中也写到了多米尼加共和国和海地之间复杂的关系。

略萨： 海地人占领多米尼加共和国长达二十二年，在那段时间里，他们引进了许多重要的改革措施。是海地人在该地废除了奴隶制度。但他们也给那个国家留下了许多创伤：例如多米尼加人认为，在海地占领期间，海地人强奸了所有的多米尼加妇女。对大男子主义横行的国家而言，一切和性扯上关系的屈辱都是一场噩梦，和种族沾边的羞辱也一样。不管怎样，那些事情都刻在了多米尼加人的潜意识中，是一种对抗海地人的宣传。人们说海地人太多了，而且越生越多，总有一天，多米尼加共和国会完全被海地人占领。这种对海地的恐惧情绪深深地植根于所有多米尼加人的潜意识中。很不幸，这种情绪已经持续了一个多世纪。

屠杀海地人事件发生在 1937 年——也就是有名的香芹大屠杀，那是多米尼加独裁期间发生的最怪诞的事件之一。据说特鲁希略是在一次醉酒时下达了屠杀令，当时他和部长们一起吃饭，大家都喝了很多酒，有人提到了关于海地人的话题，于是特鲁希略下命令："那就把他们杀了。把那些不守法的海地人都杀掉。"特鲁希略没想到的是，他对警方下达的这个命令最后具有了传染性，引发了在全国范围内对海地人的屠杀。那场屠杀非常残忍，村庄、农场中的人都抄起家伙杀海地人去了，最后一共杀死了近四万名海地人。

后来负责善后的人是巴拉格尔，他去求见海地总统。之后发生的事情太离奇了，就像蹩脚小说家编造出来的故事情节。巴拉格尔和海地总统商讨后续如何处理，后者提出按人头进行赔偿，总共索赔五十万美元，统统打进海地总统在美国的私人银行账户里。换句话说，对海地人民的屠杀，最后只不过让另一位有独裁倾向的领导人斯泰尼奥·文森特[①] 的个人腰包鼓起来。通过那次交易，或者说通过巴拉格尔不择手段的政治手腕而取得的成果，外交问题解决了。海地放弃了对那次屠杀作出任何国际抗议，因为多米尼加人收买了他们的总统。这是巴拉格尔取得的重大的外交胜利之一。

特鲁希略对海地人的仇恨还有一种解释。特鲁希略的母亲是一位单纯、卑微的海地妇女，甚至不敢大声说话。尽管特鲁希略始终对自己的海地血统感到羞耻，可他对自己的母亲依然很好。他希望自己是白人，所以他涂抹大量的润肤油来掩盖自己混血种人的血统。他爱他的母亲，但同时又仇视海地人。

几年前，多米尼加国会通过了一项可怕的法律，这项法律规定：所有获得多米尼加国籍的外国人，只要无法证明自己的祖先是通过合法渠道进入那个国家，他们已经取得的国籍就会被剥夺。结果是近二十万海地裔多米尼加人一夜之间丢掉了国籍，尽管其中有些人的家里已经有两三代人一直住在多米尼加，并且一直把自己视为纯正的多米尼加人，他们既不会说法语也不会说克里奥尔语。[②] 国际声讨此起彼伏，甚至连联合国也过问了此事。

那项法令明显带有种族主义色彩——很像希特勒在德国搞的那套东西，却获得了多米尼加共和国人民的支持。记得我曾

---

① 斯泰尼奥·文森特 (Sténio Joseph Vincent, 1874—1959)，海地政治家，1930 至 1941 年任海地总统。
② 法语和克里奥尔语均为海地官方语言。

写过一篇措辞严厉的文章来批评多米尼加政府，结果多米尼加共和国国内的很多人公开焚烧我的画像。这种反应是我出版《公羊的节日》时都不曾遇到的，却在我抗议那条歧视性的法律时发生了。

特鲁希略和美国

拉腊：《公羊的节日》的另一个政治背景是美国对拉丁美洲的态度。例如，美国总是声称自己要捍卫民主，却在多米尼加共和国支持了独裁统治。

略萨：当时正处于冷战时期，美国认为，在拉丁美洲，军事独裁政权在抵御共产主义方面比民主政权做得更好。我认为这是完全错误的政策，但这种思想在战后非常流行，这也正是作为"民主国家"的美国支持拉丁美洲诸多独裁政权的原因：美国支持了索摩查，也支持了特鲁希略。肯尼迪出任总统之后，美国的态度才开始转变。肯尼迪努力支持民主政府，并试图和独裁政权保持距离。

特鲁希略和美国之间出现问题，与民主无关。问题在于他下令杀害了赫苏斯·德·加林德斯，特鲁希略以为这个异见分子是巴斯克人，但其实他是美国人，于是这件事就成了一个棘手的问题。这是特鲁希略独裁开始走下坡路的转折点。值得一提的是，加林德斯是西班牙流亡者，这是特鲁希略的又一个花招：和墨西哥及阿根廷政府一样，他接收了成百上千的西班牙

流亡者，以此来表示对民主的支持。拉丁美洲的许多独裁政权
在西班牙内战时期都拒绝接收共和国的流亡者，例如在秘鲁，
独裁者贝纳维德斯就对他们关闭了大门。

特鲁希略则不同，他接收了一船的西班牙共和国流亡者，
赫苏斯·德·加林德斯就在其中。加林德斯是一名很有能力的
巴斯克人，后来接受了政府的任命，可是眼前发生的一切令他
感到非常恐惧：他把特鲁希略滥用权力的诸多细节都记录了下
来，后来找了个借口跑去美国。他加入了美国籍——这一点特
鲁希略并不知情，还在哥伦比亚大学出了一本关于多米尼加独
裁的书。特鲁希略非常生气，因为那本书里提到了他的儿子
们——他可以容忍别人挑衅政府，却不能容忍有人对他的家人
指手画脚——于是他派人在美国把加林德斯绑架并杀害了。《纽
约时报》做了一系列调查，发现特鲁希略的特工们在纽约第五
大街绑架了加林德斯，并偷偷把他带出了美国，这是对美国法
律赤裸裸的挑衅。

那就是终结的开始，美国从此把特鲁希略从美洲国家组织
踢了出去。在那之前，华盛顿是支持特鲁希略的，因为他被认
为是对抗共产主义的有效武器。特鲁希略利用了这一点，说自
己的政敌全都是共产党员，这样他就可以名正言顺地把他们抓
起来，还能缓解美国人施加的对抗苏联的压力。那个时期，拉
丁美洲所有的独裁者都耍过类似的手段。

加林德斯事件发生后，拉丁美洲的民主政府——委内瑞拉
和哥斯达黎加——开始严厉抨击特鲁希略。从那时起，特鲁希
略独裁政权就开始走下坡路。特鲁希略的回应也非常可怕：他

又连续犯下了一系列罪行，试图永远抹掉加林德斯这个人的痕迹。

小说的接受情况

鲁文：《公羊的节日》在多米尼加共和国的接受情况如何？我想它肯定掀起了一场很热烈的政治论战。

略萨：我想到去那里为这本书做活动，为此我们还准备了一个特别版本。当我将去宣传这本小说的消息传开后，特鲁希略分子在《利斯亭日报》上发布了一则告示，上面说："如果巴尔加斯·略萨敢来，我们就打他一巴掌。"但我还是去宣传了图书，而且没有出现任何问题。宣传活动上来了很多人，但是一句带有敌意的叫喊都没出现。我不仅在圣多明各做了宣传活动，还去了圣地亚哥·德洛斯卡瓦列罗斯，在那儿也没出什么问题。我在公共场所为读者签名，没人来恐吓或是威胁我。有些特鲁希略分子会在报纸上发声，说我写的都是假的，说我的小说太夸张。

有一名年迈的特鲁希略分子，曾经是我最重要的信息源之一，发表了一系列措辞强硬的声明，说我写的都是谎言，尽管其中许多让他感到愤怒的事情其实是他本人告诉我的。我希望他已经消了气。但没出现过任何针对我的身体攻击。那时的特鲁希略对那个国家的影响已经微不足道了，但是我认为很多人肯定还记得特鲁希略统治的恐怖，那是拉丁美洲国家所体验过的最悲剧性的经历之一。

鲁文：你和政治阶层有接触吗，例如政府官员？

略萨：当然，当然有接触。

鲁文：他们的反应如何？好奇？那个话题对他们而言是禁忌吗？

略萨：在多米尼加共和国，我和这些人有过交流。许多特鲁希略分子彻底变成了反特鲁希略人士，可能是为了洗刷或忘掉自己的过去。我确实和他们见过很多次。在整个调查的过程中我，拜访了多米尼加政坛的许多人士。也许最有意思的采访之一就是去见巴拉格尔，那时他依然是共和国总统。在其中一次谈话中，我记得我对他说过这样的话："可是，巴拉格尔博士，有些事情我还是不明白：您是有文化的人。您读过很多书，还创作诗歌，写历史类的书。您怎么能忍受待在一个强盗、杀人犯、无知者的身边，在枪手和土匪中间待三十一年呢？您怎么能……"他当时视力已经不太好了，但口齿还算清楚。他对我说："您瞧，我有七个妹妹要养活，七个。我当时是刚入行的律师，很穷。我想搞政治。在多米尼加共和国，除了跟着特鲁希略干，哪里还有什么政治可搞？没有。只有两个选项：要么跟着特鲁希略，要么就搞地下活动，选择后者，就有被逐出国家或遭受酷刑折磨乃至被谋杀的风险。我可不能冒那种险啊。"

他接着又对我说:"我给自己定了两条规矩。第一:从不参与特鲁希略组织的纵欲活动。这一条我做到了。我从来没去过他搞的任何一场宴会。"似乎所有人都知道此事。他一直未婚,是一个极度内向的男人。

"那是第一条,"他继续说道,"第二条是不抢东西。我从来没抢过任何东西,我本人什么财产都没有,元首赏给我的这套房子除外,因为没人能拒绝接受他的赏赐。但是我再也没有其他财产了。我连一分钱存款都没有,一直靠工资过活。"这也是事实。巴拉格尔对抢东西不感兴趣,对纵欲也不感兴趣,对女人也一样。他唯一感兴趣的就是权力,而他也一直处于权力的顶峰。他甚至成功骗过了特鲁希略,让后者相信他没什么雄心壮志,因此特鲁希略才放心让他当选总统。事实上,尽管只是一个傀儡,但是特鲁希略被杀的时候,巴拉格尔依然是共和国名义上的总统。

就是这个如此狡猾、为达目的不择手段、曾经是特鲁希略左膀右臂的男人,在元首死后摇身一变,成为了推动多米尼加共和国民主化建设的人。他带来了自由,推动了该国历史上最初几次选举的进程。这个人物十分迷人,甚至可以成为另一本小说的主人公。和他谈话很有趣,因为他讲了关于特鲁希略的许多事情。

他对我说,和美国交恶之后,特鲁希略曾下令不允许任何人把钱转移出国。结果这个命令却对特鲁希略家族产生了巨大影响,因为他们都想在境外开设账户。他们感觉剩下的好日子已经不多了。巴拉格尔这时又扮演了重要角色:他瞒着特鲁希略，和元首夫人一起，开始帮元首的家人转移资金。后来发生了一件奇妙的事情。特鲁希略的老婆是个很贪婪的人，她不仅不信任特鲁希略，连自己的孩子们也不相信，她只想让钱流入自己的私人账户。于是巴拉格尔帮她把钱转移出去，存入她在瑞士的账户，这件事连她的孩子们也不知道。另一方面，他还偷偷地帮助兰菲斯和拉达梅斯，瞒着他们的父亲向外转移资金。后来特鲁希略被杀，他的孩子们流亡海外，他们绝望地哀求母亲告诉他们秘密账户的事情。而很显然，她在丈夫被刺杀后受了很大的刺激，还患上了严重的动脉硬化，压根就不记得账号和密码了。在很长一段时间里，兰菲斯、拉达梅斯和安赫丽塔兄妹三人带着母亲满世界地跑，希望能帮助她回忆起账号。最后那个女人到死都没有想起那些信息，她费尽周折转移出去的钱永远留在了银行里。这个故事实在太奇妙了：特鲁希略养肥了瑞士的银行家，把他从多米尼加人民手中掠走的金钱拱手让给了那些人。

发生在元首孩子们身上的故事也很离奇。有必要讲讲拉达梅斯的故事，他算得上是那个家族里最蠢的一员了。兰菲斯很聪明——举止轻浮、像个强盗，但是确实很聪明——而他的这位弟弟则是个十足的无能之辈：他逃去西班牙后，学着和人做生意，差点连内衣都被人骗走。他把手里所有的钱都砸进去了，后来又去了巴拿马，在那里过得很拮据。有一天，他失踪了。官方展开了调查，想搞清楚元首之子身上到底发生了什么事。这时在哥伦比亚的一家报纸上出现了一则告示，上面说："拉达梅斯·特鲁希略·马丁内斯先生曾为本组织工作，却试图对我方进行敲诈。现已将其秘密带至哥伦比亚，其人已经审判，被判处有罪，且已被处决。"原来拉达梅斯曾经为哥伦比亚黑帮工作，他想耍花招，可是经验不足而露了馅：他们抓住了他，把他带去了哥伦比亚，然后把他杀掉。好吧，那是关于拉达梅斯·特鲁希略故事的官方说法，但多米尼加共和国方面表示那些都是编造的，说独裁者的儿子并没有大家以为的那么蠢，说散布那则消息的就是他本人，实际上他接受了整容手术，改变了相貌，最后逃到了瑞士，拿着转移出去的钱享受生活去了。

他的大哥——三兄妹中最有脑子的，同时也是最坏的——的死则显得有些蹊跷。他在某日清晨死于一起交通事故，事故就发生在马德里巴拉哈斯机场前。当时兰菲斯邀请了数位多米尼加将军去西班牙见他，据说他正在策划某个阴谋。关于他死亡的传言之一是，那起事故是巴拉格尔设计的，背后还有美国中央情报局的资助，目的就是防备特鲁希略势力死灰复燃。

最后还有一个有趣的轶事，是关于独裁者的女儿安赫丽塔的。她嫁给了强盗路易斯·何塞·莱昂·埃斯特维斯上校。她的父亲倒台后，她和两个哥哥一起逃到了西班牙。数年后，独自移居迈阿密，在那里成了新教教徒，筹建了一个叫做"耶稣再临"的团体。人们在每个周六和周日都能看到她在迈阿密市郊的海地居民区唱赞美诗。这就是安赫丽塔·特鲁希略的故事。

特鲁希略三个孩子的故事和他自己的故事一样精彩。关于他们还有许多传说，但最有趣的事情是：关于特鲁希略的惊悚故事至今仍然在不断流传着。

鲁文：你在调查过程中是否曾经和特鲁希略家族的成员聊过？

略萨：是的。我们在马德里做图书宣传活动时，一个年轻女人朝我走了过来，对我说："很高兴认识您，我是特鲁希略家族的人。"我问她："您姓特鲁希略吗？"她回答我说："我是特鲁希略的孙女，兰菲斯·特鲁希略的女儿。"我对她说，我没想到特鲁希略的孙女会来参加批评她祖父的图书宣传活动，可是她回答说："我知道那些都是真事，我祖父犯下了很多野蛮的罪行。"她对我说，她住在马德里，现在是一名弗拉门戈舞蹈教师，以此为生。她是兰菲斯·特鲁希略和他第一任老婆奥克塔维亚生的女儿。

独裁话语

鲁文：《公羊的节日》展示了独裁政权是怎样运用话语的。在小说结尾处，在策划强暴乌拉尼娅时，曼努埃尔·阿方索对卡布拉尔议员讲述了将会发生在后者女儿身上的事，他把那件事描绘了至高无上的荣誉，使用了一种英雄史诗般的语言，腔调则是宗教式的，描绘的却是如此粗鲁的暴行。

略萨：他描绘的是一场粗暴的强奸。

鲁文：这个话题我们在谈论《酒吧长谈》时已经聊过了，

也就是用崇高的话语去描绘污秽的事情。

略萨：阅读特鲁希略统治时期的多米尼加报纸和杂志，就像进入一个非现实的世界，一个充满恐怖的世界，可其中所使用的话语却在粉饰太平，甚至把一切都往相反的情形去写，说多米尼加共和国是一个幸福、有序、和平、安定的国家。当时的报刊给人的感觉就是这样，或者说多米尼加共和国所有的媒体基本都是这样。至今，依然有一些亲特鲁希略的媒体，它们依旧坚持认为特鲁希略治下的国家是一个没有盗贼和犯罪的有序社会。

恶心与独裁

鲁文：还有另一个几乎出现在你所有小说中的主题：恶心。在《酒吧长谈》里，阿玛莉娅刚了解性的时候感觉恶心；奥登西娅说堂费尔民让她觉得恶心。但是没有哪本书对恶心的描写能超过《公羊的节日》。这部小说不仅把恶心作为主题之一，还成功地让读者体会到了那种感觉——而且在读完小说的很长时间里都有这种感觉。有许多情节让人觉得恶心：例如对乌拉尼娅的强奸，还有对宪法专家奇里诺斯身体特征的细腻描写，说他很肥胖、油腻，头发遮盖住了耳朵，下巴上尽是赘肉，讲话时喜欢用半通不通的拉丁语，很让人反感。我想问问你关于恶心的问题。这是你有意为之还是自然而然写出来的？

略萨：对我而言，独裁本身就极度令人反感。我总感觉独裁者都是些古怪的人。另外，他们造成了那么多伤害，破坏了如此多的国家：他们是拉丁美洲的悲剧。所有独裁者都有古怪的一面：说出的谎言，行事的依据，面对民众时的虚伪，在媒体、演讲和官方生活中制造的不真实……所有这些都让他们显得很滑稽。那种令人厌烦的感觉体现在小说里，有时会具体到某些人物身上，有时则体现在某些场景中。

智利评论家大卫·加亚格尔写过一篇评论《酒吧长谈》的文章，给我留下了很深的印象。他试图解释说，那部小说的核心思想是：权力是肮脏的，会生成脓疮，进而传染整个社会。他举了很多例子来证明那种腐化甚至影响了小说的行文。小说中的语言离权力越近，就越肮脏：变得更口语化，并且使用许多让人恶心的象征和比喻。

我之前从来没有考虑过这一点。我那么写绝非有意为之，但是他举的例子很有说服力。书中的人物只要一接近有权势的人，说话方式就会变得混乱且不连贯，就好像有什么东西影响了他们所使用的词汇和表达。而当人物远离权力时，小说的语言就开始恢复连贯、透明了。这其实也反映出我在创作那部小说时的情绪变化。

鲁文：在《公羊的节日》中，还有一些场景引发了读者的反感，我指的是酷刑折磨的场景。这也是这部小说和《酒吧长谈》之间的重要差异，因为在《酒吧长谈》里，我们从来都没读到过对酷刑折磨的直接描写：读者知道有暴力行为发生，但是没有直接读到相关描写。

略萨：在多米尼加共和国，我记录了许多非常直接、生动的相关证词，和我对谈的都是些经历过酷刑折磨的人。此外，奥德里亚独裁并不像特鲁希略独裁如此系统化地使用暴力。在秘鲁，折磨是很强硬的，基本是想到什么就做什么。而在多米尼加共和国，酷刑已经成了一种科学，这都是约翰尼·阿贝斯搞出来的。

约翰尼·阿贝斯和卡约·贝尔穆德斯很像，两个人物都有现实原型。所有的独裁者身边都会有一个类似的角色，他们在暗处操纵着一切，组织镇压，使用暴力，利用酷刑和人的恐惧来维持政权。通常来说，这种人都很不起眼，总是显得无足轻重，可一旦他们获得了权力，就会摇身一变为野兽。就好像他们早就被魔鬼附了身，可是直到抵达了权力的制高点，那个魔鬼才会显现出来。到那时，他们对于独裁者而言就变得不可或缺了。

独裁的过去与将来

马利斯：《酒吧长谈》和《公羊的节日》这两部小说所描写的历史时期并不一致：前者出版于 1969 年，描写的是二十世纪五十年代的秘鲁；后者出版于 2000 年，刻画的是于 1961 年结束的独裁。在独裁统治结束那么多年后写这样一部关于它的小说，意味着什么？尤其是多米尼加共和国，因为到了 2000 年，那里已经是民主政府执政了。

略萨：2000 年的多米尼加共和国，情况和我在 1969 年出版《酒吧长谈》时秘鲁的情况很不一样。但是就独裁这个话题而言，很不幸，依然没有失去现实意义。如今还有多少独裁政权存在？在拉丁美洲，独裁政权的数量已经比以前少很多，但是放眼全世界，数量依旧不小。没有哪个国家——哪怕再发达的国家——是完全摆脱了独裁威胁的。尽管大部分国家都进入到了法治社会时期，但是蛊惑家或法西斯分子掌权的可能性依然存在。在罗慕洛·贝坦科尔特时期，委内瑞拉似乎已经进入民主阶段，非常遵循法治，已经摆脱了佩雷斯·希门内斯的独裁统治，获得了可持续的民主。不可否认，当年依然有大量腐败的情况存在，这当然很不幸。智利的情况也很类似。智利是一个非常民主的国家，有着悠久的法治传统，在二十世纪五十年代或六十年代，没人会想到皮诺切特这样的人物会在智利掌权。

独裁不是一种过去的现象。它依然存在，就在我们眼前，是一种潜在的威胁，随时可能爆发。在所有的文明体制中，民主是最脆弱的：它就像是一张纤薄的胶片，很容易被人类最古老的传统击碎——我指的就是独裁。民主是一种现代现象，很新，也很有局限性。而那古老的传统则像一根粗棍，代表野蛮力量和横行霸道。

鲁文：马里奥，如果你想再写一部独裁小说的话，你会写哪位独裁者？还有哪位独裁者是你想用文学的方式将之刻画出来的？

略萨： 在未来，独裁者们很可能不会再像二十世纪那样是一些把手枪别在腰带上的粗人。未来的独裁会更讲究技巧，更先进，会慢慢地把个体手中的权利夺走。当权者运用某些技巧，可以给独裁披上法治的外衣，几乎隐去身形。这是一种很现实、也很严肃的威胁，我们还没有武器能够对抗它。当今世界出现了越来越多的专家，但人文主义者反而越来越少；出现了越来越多的技术人才，但知识分子反而越来越少了。这种状况为乔治·奥威尔和其他许多人想象的那种独裁的出现铺平了道路。未来的独裁很可能是难以察觉的，也是难以抗衡的。

如果我们不为科技注入人文精神，那么科技就会创造出那种形式的独裁：科技的威力越来越大，自主能力越来越强，应用范围越来越广。要想描写我们这个时代的独裁，就得把它想象成这种样子。像特鲁希略这样的独裁已经越来越不符合潮流，尽管仍未完全绝迹。

8.

二十一世纪的恐怖主义威胁

2015 年 11 月 19 日，也就是恐怖分子在巴黎巴塔克兰剧院杀害数十名年轻人的六天之后，我在普林斯顿大学组织了一场对谈活动，活动的主题是谈论在面对距离我们越来越近的恐怖主义威胁时，知识分子的角色应该是怎样的。对谈人除马里奥·巴尔加斯·略萨之外，还有记者菲利普·朗松，他在《沙尔利周刊》恐怖袭击事件中曾身受重伤。

自从《沙尔利周刊》决定再次刊登曾在丹麦引发巨大争议的讽刺先知穆罕默德的漫画之后，它就成为恐怖袭击的主要目标之一。《沙尔利周刊》及其合作方的办公地点一直处于警方的保护中。2015 年 1 月 7 日，两名恐怖分子闯入该刊办公室，几乎将室内人员屠杀殆尽。菲利普·朗松在医院里花了几个月时间恢复，其间接受了十三次手术治疗，2015 年 11 月，他来到普林斯顿大学，参加了袭击事件后他个人的第一次公共活动。

菲利普·朗松（下文简称"菲利普"）：在这场针对恐怖主义问题对谈的开始，请容许我介绍一下《沙尔利周刊》那次编委会会议的情况。2015年以前，我们一直是一份小众刊物——一份左翼漫画周刊，每期印刷三万册，但是我们在法国讽刺媒体的历史上也占据着重要的一席之地。

2015年1月7日，我们正在举行该年度的第一次编委会会议，因此在场的人数要比平常多，哪怕如此我们也还是个很小的团队，大家既是合作伙伴又是朋友，主编是漫画师查布。那天，我们就米歇尔·维勒贝克①的新书《投降》进行了激烈的讨论，作家在书里假想出未来某日，一个教派掌控了法国。我觉得这个设定很好，很有意思，但是很多同事认为那书不好，有种族主义的嫌疑，尤其考虑到法国的阿拉伯少数族裔在历史上与其他民族的复杂关系就更是如此。那就是我们当天讨论的主题，大家讨论得十分热烈。

查布是媒体界最重要的漫画家之一，他是反对那本小说的，还批评了维勒贝克，说他是反动分子、法西斯分子。报社里的所有人都为国家对海岸区居民关心不够而打抱不平，那些居民大多是阿拉伯裔或非洲裔，他们不能完全融入法国社会。

后来，大概是上午十一点钟左右，另一位同事，漫画师泰哥尼斯谈起那些少数族群在经济和文化方面的生活状况，同时指出社会和国家对他们的关怀太少。贝尔纳·马里斯——一位很有名的经济学家，在《沙尔利周刊》用"贝尔纳大叔"的笔

---

① 米歇尔·维勒贝克（Michel Houellebecq, 1956—　），法国小说家、诗人、导演，2010年龚古尔文学奖得主。

名发表文章，回应说那并非事实，最近三十年，法国为少数族群已经做了所有能做的事情。泰哥尼斯并不认同：他本人就是在海岸区长大的，亲眼看到过他的许多朋友在极度悲惨的条件下生活。他回答马里斯的话很尖锐，但是很有说服力。

那场争论之后，和以往每次出现类似情况时一样，有人开了个玩笑，大家都笑起来。会议结束后，我正要离开，但是想起自己带来了一本关于在"蓝色笔记"俱乐部表演的爵士乐团的书，里面还配有弗朗西斯·沃尔夫拍摄的照片，于是我在办公室里又多待了几分钟，把它拿给查布看，因为他痴迷爵士乐。就是这个举动救了我的性命，因为我在办公室里多待了两分钟。如果我当时立刻离开，就会在走廊上遇见那两名杀手，我肯定就没命了。

也就是说到那一刻为止，那是再正常不过的一天了，巴黎其他的报社肯定也是这样工作的。可是突然，门被打开，两名蒙面枪手闯进了办公室，一身黑衣，手里拿着冲锋枪，和漫画里出现的恐怖分子一模一样。我听见了射击声，和放爆竹、烟花的声音很像，然后我听到了一个女人的喊叫声。我们十二个人被困在那个不足二十五平方米的屋子里。没有出口，因为枪手是从两扇门同时闯进来的，我们还没反应过来，他们就已经开枪射击了。我当时和另外两个朋友正站在办公室的最里面，因此在枪手走过来之前，我就趴到了地上。

我以为我趴到地上的时候已经受伤了。我能听到凶手的声音，他们在缓慢地向前移动，在我的每个朋友身边都会停下脚步补上一枪。他们前进、射击，嘴里重复念叨着"allah u akbar"①，然后继续前进、射击。那是一场屠杀，毫无疑问，他们的目的就是把我们团队的所有人都杀掉。当时在办公室里的人，只有四个活了下来。从那之后，我一直在问自己：为什么会发生这样的事？我们中的三个受了伤，躺在地上装死：我们当时是清醒的，还有意识，但是我们装死不动。那时我想，那些凶手并不专业，他们没有给所有人补枪确保没有活口。但是其余的人确实都死了，包括泰哥尼斯，他一直坚持捍卫海岸区的穷人和少数族群的权利，但是他不知道正是来自那群人中的两个人杀死了他。

我思考着那间办公室的象征意义：一边是一群记者和漫画师，沉浸在关于社会政治的讨论中；另一边，两名只知道开枪射击和三个单词（"allah u akbar"）的年轻人也在用这样的方式表达着他们的思想——如果那算得上是思想的话。

那之后，有一家曾经大谈言论自由的国际媒体和一些评论家，认为《沙尔利周刊》刊登的漫画实在是太过分了。现在我们知道，那之后，在法国又发生了许多其他的恐怖袭击事件，那些袭击与先知和漫画无关：恐怖分子攻击的是一种民主的生活和思考的方式。

在法国和美国，还有一些人提出应该对言论自由设定限度。但是从《沙尔利周刊》袭击事件中，乃至于从之后许多袭击事件中，我们可以明白，言论自由在所有形式的自由中排第一位。也就是说：如果我们连谈论其他形式的自由的权利都没

---

① 意为"真主至大"。

有，就没办法理解和获得它们。如果我们觉得在某些事件中言论自由"太过分了"，那么获得其他形式的自由就更不可能，因为谁又能决定那条界限到底在哪？凶手们用如此方式提醒着我们，所有的自由都是联系在一起，其中最紧要的就是言论自由。这种联系也可以在可怕和血腥的行动中体现出来：他们的袭击从《沙尔利周刊》办公室开始，用屠杀对抗言论自由，也就是排在首位的自由的形式，然后，在 11 月 13 日发动了对巴塔克兰剧院和多家咖啡厅的袭击，以此对抗另一种基本的自由形式，也就是集会自由，或者说，人们按照自己的意志以和平的形式聚集在一起的权利。因此我认为那两种袭击事件之间是有直接联系的，不仅是政治性的联系，也是存在性的联系。对《沙尔利周刊》的袭击为第二次袭击铺平了道路，这是对和平生活的侵犯。

略萨：我认为言论自由是其他所有形式的自由的前提。如果言论自由消失了，那么其他所有的自由形式就会受到威胁。限制言论自由是当权者的武器，他们以此来杜绝批评的声音，再进一步控制人们的行为。社会用来抵抗权力滥用的唯一防御性武器就是言论自由。这种自由是其他形式的自由得以存在的前提保障。

鲁文：马里奥，《沙尔利周刊》遇袭事件发生几天之后，你曾为《国家报》写过一篇文章，那个主题你已经在你的小说中涉及很多次，尽管背景通常是拉丁美洲。得知那此次恐怖袭击事件时，你本人在哪？你的第一反应是什么？

略萨：袭击发生的当天我在马德里。我立刻想到了我在巴黎的朋友们，他们之中有好几位记者。我对那场悲剧的第一反应是感到恐惧。然后我思考着其中的反差，因为那次事件恰恰发生在产生了最多自由思想的城市，那座城市是以宽容和多元文化共存而著称的。我想着《沙尔利周刊》的记者们，那份刊物以刊登辛辣的讽刺漫画著称，他们是言论自由方面的先锋，因为他们的工作充满了不敬畏，而不敬畏恰恰是文明和民主的成就之一，人类曾为此进行过诸多艰苦的斗争。

因此，一方面我们的民主允许我们拥有表达不敬言论的自由，而另一方面，两名手握冲锋枪的武装狂热分子杀害了一群记者，起因只是他们在工作中运用了那种自由，而那是人类文化进步所取得的重要成就之一。如果认为那次袭击只是偶发性事件，并无先例，那就大错特错了，因为类似的暴力行为正是一种狂热的表现，可能也是人类最古老的传统之一。我们人类的历史上出现过太多类似的狂热分子，他们认为自己信奉的东西是唯一的真理，时刻准备去杀死那些和他们持不同观点的人。这是一种极为古老的传统，我们的历史是由尸体和鲜血铸成的，从开天辟地之初，我们就一直在做着类似的事。一个重要的区别是，在此之前，驱动人们做出类似可怕行为的是宗教信条，但在现代社会，那种源动力变成了政治信仰，不过上面提到的恐怖主义同时建立在意识形态和宗教信仰之上。唯一不同的是使用的武器。以前的狂热分子破坏能力有限，因为他们手中的武器不如我们的防御武器好。如今他们手中的冲锋枪和炸药可以引发一场屠杀，就像在马德里阿托查火车站、巴黎巴塔克兰剧院和纽约双子塔发生的袭击事件。应该担心的恰恰是这种状况。那些人手中的武器越来越精良，杀伤力越来越大，随着那些武器的扩散，狂热分子们将会更加无法无天。

可是我们应该做些什么呢？当然，我们应该自卫。毫无疑问，我们要捍卫文明，对抗野蛮。但是还有很重要的一点，我们在捍卫文明的时候，不应该破坏民主取得的成就，因为要是那样，我们实际上是在无意中帮助恐怖分子破坏了文明。这种事情是有可能发生的，例如，如果我们为言论自由设限，认为这样做是为了保护社会而做出的必要牺牲，那我们就破坏了文明进步。就像菲利普刚才提到的，有人认为《沙尔利周刊》无权讽刺宗教。如果我们认同这种观点，就等于接受了审查制度，而那最终将摧毁我们的社会所取得的成就之一。

所有的独裁都是以审查制度的建立作为开端，所有的专制制度都是这样，因为它会让批判精神消失。民主社会不需要审查制度，会有一套机制专门评判那些言论自由逾越法律的事件：司法权力的存在就是为了在法律框架下惩罚权力滥用。民主意味着公民政治的存在。我认为恐怖主义所引起的最危险的结果之一，就是可能会在我们不知情的情况下，引诱我们去破坏这项文明所取得的重大成就。

我们不应该接受恐怖分子定下的游戏规则，也不应该认同有些话题不适用言论自由。我认为这对今日世界而言尤为重要，因为我们正面临这种极为特殊的恐怖主义的威胁。我们要抵挡住诱惑，不能认为要保护自由就得牺牲掉一部分自由，尤其是言论自由，这一点很重要。我们要始终把这种意识放在心里，尤其在听过菲利普如此动情地讲述他的经历之后。

菲利普： 我还想提醒大家，《沙尔利周刊》是一份讽刺性周刊，它脱胎于法国的一项古老传统。至少从十八世纪末开始，法国就出现了有趣且极富冲击力的漫画，它们嘲弄所有权力者，包括教会和政治家。十九世纪的漫画描绘了所有能够代表权力的人物。那些讽刺确实带有很强的侵略性，但同时带有幽默的元素，以讽刺和嘲弄的方式来回应不好的东西，这就是所谓的"法式幽默"。《沙尔利周刊》就属于这一传统。袭击事件发生之后，我听到有作家说我们杂志刊登的漫画不好。他们从个人道德出发，作出了评价，但不了解法国的讽刺传统。我不知道是不是漫画不好——那可能是个人喜好问题，不过我知道个人喜好不能被用来限制言论自由。

鲁文： 菲利普，你能再跟我们谈谈国外对《沙尔利周刊》的误解吗？我想到了国际笔会的乔伊斯·卡罗尔·欧茨和其他美国知识分子发布的多份声明，他们认为那份杂志在不断刺激着宗教的敏感神经。

菲利普： 值得一提的是，《沙尔利周刊》从 2006 年起就一直遭受着类似的批评，当时我们转载了丹麦《日德兰邮报》上刊登的一组漫画。我记得自己当时和查布有过一番争论：他对我说，那组漫画中的大部分，他都觉得不好，但是出于原则问题的考虑，还是得把它们登出来。有很多漫画家因此而遭受到死亡威胁，查布认为要对他们表达支持。我们的想法很明确，我们的身份不是正义的判官，但是我们都是言论自由的捍卫者。

袭击事件发生后，出现了许多猛烈的批评，说我们无权嘲笑，因为那是对教徒的攻击，他们的生活本来就已经够艰难了。他们指责我们是种族主义者。这真是荒唐，因为《沙尔利周刊》在1970年是以反种族主义杂志的立场创刊的，它反对殖民主义和阿尔及利亚战争。

我知道国外对我们的杂志有误解，因为就像我刚才说的，法国的讽刺文化是很特别的，几乎从没有外国媒体会转载我们的东西。《沙尔利周刊》屠杀事件发生后，杂志在网上被迅速传播，这也加剧了那种误解。一夜之间，那本“法国味儿浓郁”的杂志、在那之前只有很小一部分法国人在看的杂志，抵达了很多国家的几百万读者手中，许多读者无法理解那些漫画中蕴含的幽默，因为他们不了解法国的讽刺传统。他们在电子屏幕上看完漫画，然后在脱离漫画创作的社会政治背景的情况下对它们进行道德批判，批评我们不尊重其他文化的人也不在少数。我们这些袭击事件的幸存者只能眼睁睁地看着我们的作品被那些压根不懂得黑色幽默和讽刺的读者评头论足。我们试图开个玩笑，但很多人根本不笑，他们坚持认为我们应该停止“污蔑”。但是如果《沙尔利周刊》按他们的要求办刊，就不再是《沙尔利周刊》了。

略萨：我认为不冒犯任何人的创作是不存在的。如果一个作家在创作时是自由的，他的作品必然会激怒某些读者。只要作者自由地表达他的感情、幻想和目标，那么这种情况就是不可避免的。重要的是读者们明白，在民主社会，我们一定有一些时候会因为读到的东西而感到愤怒。我们为自由付出的代价就是被迫阅读那些不可接受的东西、那些有悖于我们世界观的东西。那就是自由的文化，也是文明的体现。在过去，这种情况是不存在的。我们慢慢被训练得能够接受差异化的存在，尽管由于信仰和伦理道德观念，那种差异可能会引发我们的反感。

但是在民主社会，所有人都有权和其他人在行为、信仰和习惯上不一样。这是文明的共存方式，狂热分子想要摧毁的恰恰就是这种差异化。

我认为《沙尔利周刊》事件发生后，法国人的反应是很有意思的：一份只拥有少量读者的、濒临消失的小刊物，一夜之前传播到了世界的各个角落。

菲利普：是的。在那之前我们只有三万名读者，现在至少有二十万了。袭击事件之后的第一期杂志印了四百万册。

略萨：这就是我说的法国人的有趣反应。你们想要摧毁《沙尔利周刊》？那么我们所有人都会去买那份杂志，哪怕不喜欢它的人也会去买。也就是说：我们要去捍卫民主，捍卫差异化的存在，捍卫那种在阅读时感到不快的权利。那才是真正的民主精神。2015 年 11 月发动袭击的恐怖分子想要摧毁的是人们去聆听一种和他们的宗教狂热不兼容的音乐的权利，也要摧毁人们在酒吧和咖啡厅的露天座位上和朋友们喝一杯的权利。法国人在那次事件后的反应也很精彩：小酒馆里的顾客更多了，数百万法国人跑去酒吧和咖啡厅的露天座位上消费，以此捍卫自己的权利。那正是在野蛮暴行发生时该有的态度：去捍卫我们的权利。

还应该想想为什么那些攻击会发生在巴黎，巴黎对于我们许多人而言是一座神话般的城市。在我这一代作家心里，巴黎一直是自由之城、创造力之城，是艺术、文学和伟大思想的首都。此外，在巴黎还爆发过法国大革命，产生了强调民主、多元的政治哲学。通过攻击巴黎，恐怖分子想摧毁的是所有自由、多元和宽容的传统，而那些是人类文明的重要成就。我们应该捍卫民主传统，对抗恐怖主义，不仅要通过行之有效的政治手段实现，而且要努力保护宽容的文化传统。

鲁文：面对恐怖主义的现实威胁，尤其是在法国和其他欧洲国家，人们最大的争议之一在于：是否应该在特定时期，对自由加以限制？例如，在法国，奥朗德总统自《沙尔利周刊》袭击事件发生之后就启动了应急预案，允许政府监控任何可疑人员。这些措施引发了强烈抗议，因为个人保障受到了威胁。如果因为安全原因，必须暂时性地牺牲自由，那么多大的限度是合适的呢？

略萨：这是个很复杂的情况，因为我们已经身处斗争之中了。这场斗争和之前进行过的其他斗争都不一样，但不能因此就断定它并没有真实发生。斗争状态总是会意味着对民主社会提供的保障施加某种程度的限制，这时，最大的挑战是确定如何划定那个限度。但是我们应该意识到在那种状态中隐藏的风险，对斗争的恐惧会使得我们牺牲掉我们已经获得的部分保障。那种局势异常凶险，它意味着人类文明所取得的伟大成就之一遭到了毁坏，而那也同时意味着独裁的开始。所有的独裁都会打着和平、秩序、安全、稳定和保护公民的旗号，来限制个人自由。

鲁文：我也想谈谈幽默，在我们的这场对谈活动中，幽默扮演着重要的角色。《沙尔利周刊》是一份幽默性刊物，它体现出的幽默之所以能够存在，是因为在我们这个时代，我们可以拿任何东西来取乐。这也是民主的组成部分：没有哪个人或是哪种思想能够对笑声、幽默和讽刺免疫。

菲利普：是的，哪怕是在袭击事件发生之后，幽默也依然在我们的刊物里扮演着重要角色。我想和大家分享一则轶事。那次事件发生后，我被带到了医院，他们给我打了麻醉药，把我推进了手术室。我醒来后发生了很奇怪的事情：我感到异常平静，我发觉面对如此严重的暴力行为，最好的抵抗方式就是幽默、好奇心、友谊和温情。

接受第一次手术的十天之后，我接受了弗朗索瓦·奥朗德总统的慰问。我是站着迎接他的，我们以一种非常正常的方式进行了交谈，非常平常，就好像我们是在闲聊。我给他讲了袭击事件是怎么发生的。我在讲述那些事情的时候表现得很平静，就像是在谈论某个遥远事件，想要描绘出恐怖分子荒诞而又有效的行动方式。那时，我的颌骨和嘴唇都被打坏了，说话很费劲，必须在说话的同时留意不让口水流出来。我很自豪，像孩子一样，因为我发现我说的每个字都像是为那个房间里的所有人注入了某种尊严，那象征着文明。在我给总统讲完一切之后，护士们开玩笑说我是个话痨，说在这种状态下，我应该少说点儿。

　　那时，我注意到，我的身边有些东西是恐怖分子永远都抹杀不掉的：我们法国人习惯拿一切开玩笑，那是我们的生活方式，我们甚至能在那些巨大的悲剧中寻开心。很多人想着我们这些受害者肯定会坠入耶罗尼米斯·博斯 ① 所描绘的地狱里，但现实情况刚好相反：我们哪怕坠入了炼狱，那里也依然有幽默感、交流、柔情和美。

　　因为我的身体状况，我那天不能笑，甚至连微笑也不行，但是对我而言，能让其他人笑或者至少是微笑也是很重要的。看着他们笑，就像是看到了我自己在笑，似乎那些笑容都是我借给他们的，也许这也是一种抵抗方式，因为恐怖分子们想把微笑从我们的脸上永远抹去。

　　我面朝总统站着，在我的嘴唇条件允许的情况下，努力用最有教养的方式继续和他交谈，我们的身边还站着我的外科

---

① 耶罗尼米斯·博斯（Hieronymus Bosch，1450—1516），荷兰画家，擅长以魔鬼等形象表现人性之恶。

医生。

"我们不是在这儿哭泣或表示遗憾。"我用尽可能轻松的语气对总统说道。他的脸上露出了一丝微笑,那似乎是表示认可我的话,然后他回答我说:"没错。我们要带着尊严去面对这件事。"我的外科医生也站着,也面带微笑看着他。

总统在我的病房里待了四十分钟,和我以及我的外科医生聊天。那位医生是个年轻漂亮的姑娘,很聪明,除了医术高超,还有很强的幽默感。奥朗德被她吸引住了,这是我从他看她的眼神中觉察到的,我当时想笑,因为我想着,哪怕是在一场袭击过后,在医院病房里,异性相吸这种事仍可能发生,而且被吸引的还是我们的总统。

我又重新打量了他一番:他穿着简单得体的西服,看上去和电视中的形象不太一样。几个月后,我又在另一个公共活动中和他碰面了。他立刻认出了我,还走了过来。他问我恢复得怎么样,然后对我说:"那位外科医生还好吗?你又见过她吗?"他问我话的时候脸上依旧挂着微笑。"当然见过,"我回答他道,"我还要见她很多次呢。"他盯着我,对我说:"那你可真是太幸运了!"

我讲这个故事的时候,有几位朋友曾经表达过对总统先生轻浮举止的不满。"他就不能想点儿别的事吗?"但是我不同意他们的看法。我觉得他能问起那位外科医生,还是让我挺开心的。这就是生活:生活总是充满惊喜,要开心面对。我觉得那几位朋友不懂得像小说家那样思考。我觉得总统看到我,进而想起那位医生,是很自然的事情,因为那间病房给他留下最深刻印象的无非就是这两件事：我的身体状况和那位外科医生。伤员、知识、美貌：这些融合在一起，才使得作为受害者的我能够逐渐恢复起来。就是这样。

我后来一直和那位医生保持着很好的关系。有时候我们会一起聊文学和音乐。我送给她雷蒙德·钱德勒①的小说作为礼物，因为那位作家的写作风格独树一帜，而且文笔很幽默，另外还因为我很喜欢和菲利普·马洛②一起度过的那几个月的时光，当然我没像他一样喝那么多威士忌。现在，袭击事件发生的十个月后，我仍然和她保持着联系，不仅仅因为她曾经连续十四个小时给我做脸部手术，而且后来又做过许多次，还因为她很有智慧，也是她鼓励我来普林斯顿大学和马里奥·巴尔加斯·略萨进行对谈。到今天为止，我一共做了十三次手术，后面还要接受更多次手术，来修复我的脸部和嘴部，这既和外科手术有关，也和我们的文明有关，我们都像是漫画人物。等到我能再次微笑的时候，就有力量让那些杀人凶手永远消失。

学生：我想问您一个问题，为什么针对暴力行为做出的回应，在很多时候会变成象征性的暴力？例如，在九·一一事件发生之后，美国的安全部门开始监听居民通话。

菲利普：在法国，现在这个时刻有些让人心潮澎湃，因为

---

① 雷蒙德·钱德勒（Raymond Thornton Chandler，1888—1959），美国著名推理小说作家，代表作有《漫长的告别》《长眠不醒》等。
② 雷蒙德·钱德勒的系列侦探小说中的主人公。

我们正试图找到某种方式来捍卫自由。安全变成了主要任务，因为如果我们的生存状况受到暴力威胁，自由就无从谈起。恐怖分子想要的就是让我们停止思考。因此法国总统做出的首次回应——就像美国总统在九·一一事件发生后做出的回应一样——是提高国家的安全防御等级。我在住院的四个半月时间里，受到了警方二十四小时保护。我经常和那些警察聊天，他们中有好几个人都对我说，肯定还会发生新的袭击，说那无法避免，因为我们生活在一个自由的国度，警方无权随意抓捕可疑人员，除非他真正犯了罪。换句话说，我们的法律只允许在一切都已经太迟了的情况下去抓捕恐怖分子。那么我们能做些什么呢？这个问题非常复杂。这是涉及恐怖主义的问题。当我们的自由、我们的生活方式、我们的手机被恐怖分子利用来攻击我们、破坏我们的社会时，我们能做些什么呢？我们准备好给自由设限了吗？然而哪一种自由又应该被牺牲掉？谁负责决定和控制这一切？我们准备好抗争了吗？那么在哪里、和谁、用什么武器进行抗争？我当然不希望因为已经发生了的这些事而去牺牲掉我们的自由，因为那恰恰是恐怖分子想要的。我不想因为恐惧而牺牲自由。恐怖分子用血腥的方式来提醒我们，我们所生活的世界依然不完美，提醒我们所谓的民主只不过是选择了相对更小的邪恶。他们想要一个完全不一样的世界，他们认为那个世界才是完美的。但是那个世界是有名字的，叫地狱。

略萨：民主社会当然应该在恐怖主义面前保护自己，这是毫无疑问的。恐怖分子理应被追捕、审判，并以法律的武器，依据他们犯下的罪行进行惩处。在与恐怖主义进行抗争的时期，不可避免地要采取某些在和平时期难以被接受的措施。民主国家应该保护自己，同时抵御恐怖主义滋生的源头。

目前的情况就是这样，恐怖分子获得武器、接受训练、做好袭击的准备。西方世界抵御这样一个恐怖主义的源头合法吗？我认为是合法的。……举个例子，我们看看在伊拉克发生的事情吧，每个星期都有成千上万的伊拉克人死于恐怖分子之手。西方世界在道德上有义务抵御恐怖主义，在这个例子中，抵御的对象是很具体的。我们知道它在哪儿，知道恐怖分子是在哪里被训练出来摧毁人类文明的。我认为如果我们不选择有效的方式来保护自己，遭受屠杀的人数会呈几何倍数增长，最后会出现人类历史上从未有过的暴力场面，想想当今世界的武器精良程度和科技发展程度，就能明白我并非是在夸大其词。

学生：您能跟我们谈谈叙利亚问题吗？还有欧洲、美国和俄罗斯是怎样参与到那场战争中去的？

略萨：这是个很好的问题。我的印象是，除了美国之外的整个西方世界在反对派组织反抗之初都没向他们提供帮助。最开始，对抗的形式还是民主抗议，西方世界——除法国以外——没有在那场冲突中表明自己的立场。我们在道德上有义务帮助那里的人民，他们想把叙利亚变成民主社会，但是我们没有这么做。后来反对派和恐怖分子联系在了一起，于是出现了很混乱的场面。如今普京宣称要全力打击恐怖分子，希望阿萨德继续执政。……此外，叙利亚政府从多年前开始从俄罗斯购买大量武器。我说目前的场面很混乱，是因为我们必须决定要不要和普京并肩作战，尽管法国、美国和俄罗斯各自都有不同的诉求。

我的感觉是：如果我们相信自由文化和民主国家取得的巨大进步，就有道德义务去帮助那些寻求在他们的国家建立民主体制的运动或政党。……帮助那些渴求民主的叙利亚人，也是对抗恐怖主义、宣扬民主价值的一种方式。

不过我们可以做乐观主义者。我相信恐怖主义永远不会打赢这场与人类文明对抗的战争。他们毕竟是少数人，社会中的大部分人永远都会拒绝接受他们，不仅在西方国家是这样，在受恐怖主义威胁最大的亚洲国家或是中东国家也是这样。

历史与文学

　　1955年，在圣马可大学，我第一次教授文学课，那时我还是个学生，还在文学专业进行大三学年的学习，教授秘鲁文学的老师奥古斯托·塔马约·巴尔加斯任命我做他的助教。他让我在圣马可大学主办的、面向外国学生的暑期班里主讲那门课程，一年后，我又负责在塔马约·巴尔加斯每节长达三小时的秘鲁文学课中主讲一小时。尽管备课要花掉我不少时间，有时还会让我很头大，可从我第一次教课起就爱上了这份工作。我很快就发现，以教课为目的去阅读文学作品和以娱乐为目的去读文学作品，二者的读书方法是完全不一样的。要教授一本诗集、一本小说或一篇散文里所蕴藏的东西，必须更有条理地进行阅读，并把那些情绪和感情转化为具体的概念。但同时，这种科研式的阅读又使得我能更深入地认识到那些伟大的书籍在人类生活中产生的巨大影响，那些经验也让我能更好地理解人们使用的语言，我学会了更加精准地遣词造句，让表达更加准确，同时也学会了幻想和做梦，这让我能轻而易举地在各个虚构世界里穿行。

　　在那之后，我又在英国和美国教书多年——现在依然如此，每次教学都是一次富有教益的智力冒险，我从中向很多作家学到了很多写作的技巧，同时我还认识到书本最基本的重要价值不仅在于提高人们的文化水平，也在于促使人们成为更加自由而负责的公民。例如，我认为批评精神对于民主社会的正常运转而言是不可或缺的，这种想法就是在进行文学阅读而非进行其他工作的过程中不断建立起来的。

和我的朋友鲁文·加略一起在普林斯顿大学教授这门文学课，对我而言意味着一种特殊的喜悦。我们在这门课上讨论我自己的小说，尤其是那些历史和政治元素突出的小说。我们以互补的方式进行分工。我作为作者来发言，他则以评论家的身份来讲话。那是两种不同的视野，我来讲述那些故事的创作灵感来源，还有我面对真人真事时采取的自由态度。鲁文则指出那些小说在到达读者手中之后所呈现出的各种意义，因为到了那个时候，它们的含义已经不由我这个作者控制了。学生们的参与是那门课中最有趣的部分。他们不仅仔细阅读小说，还去查阅我的手稿以及在创作过程中不断写下的笔记，那些资料都被保存在普林斯顿大学。学生们的发言经常能给我带来惊喜，对我的文学创作过程，我的学生们了解得甚至比我本人还多，他们比我更清楚，在那些小说里哪些东西是史实，哪些东西是文学创作。

普林斯顿大学都是小班授课，每个班通常最多有二十名注册学生和两到三名旁听生，因此所有人都有机会积极参与到课堂对话中来。那门课的大部分时间都是以对话的方式进行的，学生们表现得和老师一样富有创造力。如果说我在这门课上学到的关于我的小说的东西比那些来听课的学生更多，那一点都没有夸张。

　　我必须向鲁文·加略为这本书的出版做出的大量工作表达感谢。他如实地记录下了那门课的内容，包括我们的各种想法和讨论，同时把他极具创造性的个人风格融入了这本书。其中最有意义的部分就是根据课程内容将所有素材进行整理分类。事实上，我们的课堂内容和这本书相比，显得混乱无序，但是他从中挑选出了最重要的部分，然后按文论的形式将它们和谐地展现了出来，经他有序整理的材料，对理解书中提及的小说和它们的历史背景有着重要意义。就这样，这本书逐渐揭示出文学和历史之间的复杂关系和细微差别。尽管实际上文学经常会脱离现实，将之打碎，为其注入更强的情感色彩，这种不真实性不仅没有歪曲真实的历史事件，反而让它们更加紧凑、更具象征意义，也使得读者有机会和书中的主人公一起经历不同的历史阶段。让历史"鲜活起来"，不总是只有优秀的历史学家才能做到，有时候历史学家们反而会被大量的需要理清关系、提取信息的材料搞得晕头转向。可能正是因此，比起历史学家们一丝不苟的讲解，托尔斯泰在《战争与和平》中描写的拿破仑与俄国之间的战争以及维克多·雨果在《悲惨世界》里描绘的滑铁卢战役，才会让我们觉得更加真实。没有历史学家做出的贡献，小说家就会失去赖以从事文学创作的历史素材，但如果失去了小说家对历史进行的提炼加工，那些真实的历史人物和历史事件或许也会失去活力，乃至失去其在众多国家人民生活中的存在感。

2017 年 7 月 6 日于马德里

致　谢

　　我们要感谢在2015年秋季学期参加了这门课程的普林斯顿大学的学生们，他们是：亚历山德拉·阿帕里西奥、基莱·伯林、巴勃罗·古铁雷斯、马利斯·欣克利、本·胡梅尔、埃琳·林奇、埃米利奥·莫雷诺、维多利亚·纳瓦罗、迭戈·内格隆-赖夏德、拉腊·诺加德、珍妮弗·薛、豪尔赫·席尔瓦·塔比亚、阿隆·比利亚雷亚尔、迭戈·比维斯和夏洛特·威廉姆斯。同时还要感谢米格尔·卡瓦列罗博士，他2005年在普林斯顿大学攻读博士学位，以助教身份协助组织了《马里奥·巴尔加斯·略萨作品中的文学与政治》课程。

后　记

在不再一样的中国

鲁文·加略

　　2019 年 8 月，《普林斯顿文学课》的译者侯健热情地邀请我到常州大学就此书做一场讲座。我不是第一次来到中国：我曾在 1992 年有过一次中国之旅，那时，二十二岁的我决定用六个月来一场环球旅行。

　　那个时期，我住在当时还叫捷克斯洛伐克的国家的首都布拉格。我挑了个好日子，来到切多库国家旅行社的办公室，说我想买一张去北京的火车票。那名女性接待员用一种体现了其时其地社会主义文化的冷淡目光看了我一眼，抽出一个票夹，用清秀的字体在火车票上手写了几个单词："出发地：布拉格；目的地：北京"。

　　我在那列跨越西伯利亚的火车上度过了七天七夜，才到达北京，中间经过了俄罗斯，我还记得许多极具异域情调的城市名字：鄂木斯克、托木斯克、叶卡捷琳堡……

　　那时的北京是一座尘土飞扬的城市，到处写满大字标语。古老的城区被拆掉了，人们说，在那里会建起一座现代化都市。那在当时听上去就像是古巴人常说的"乡下人的美梦"。

　　我记得那时的北京路面很宽，街上穿梭着成百上千辆自行车；出租车是黑色的，后视镜上挂着毛主席像；在公交车上，坐在我身边的一名男子掏出钱包，骄傲地向我展示里面夹着的毛主席的照片，不停地对我说"毛主席"这三个字。我还记得那时在中国流通着两种货币，一种是中国公民使用的人民币，另一种则是专门给外国游客使用的外汇兑换券，简称FEC（Foreign Exchange Certificates）。火车上的座位都是木制的，供外国游客住宿的酒店也很简陋，很多水泥地面和墙壁压根没经过粉刷。那时的中国看上去是一个欠发达的国家，我学会的第一个汉语词是："没有。"我走进火车站附近的一家商店，也可能是一间仓库，里面的销售员不停地喊着："没有，没有，没有，没有……"因为所有的货架都是空的，你什么都买不到。

我背上行囊，穿越了大半个中国：西安、吐鲁番、乌鲁木齐、喀什、拉萨……我记得在乌鲁木齐的街道上，人们把垫布铺在地上，在上面晾晒葡萄、西梅和其他水果，好把它们制成果干。而在喀什，数以百计的牙医在街头招揽生意，他们举着牌子，上面无比详尽地描绘着进行拔牙手术的过程。

我在拉萨结识了来自阿根廷和以色列的两位男性游客和一位来自威尔士的女性游客，我们四个决定骑自行车到加德满都去。我们在一个月里骑行了1000公里。有一次在路上，我们暂留在一户负责修路的人家，在那儿吃东西。因为言语不通，主人直接让我们进了厨房，给我们每个人发了个盘子，让我们自己选想吃的东西：西红柿、鸡蛋、茄子……挑好之后，女主人把食材烹制成食物。我们都觉得那顿饭简直太美味了，尤其是在连续骑行了数小时之后，那顿饭就更显美味了。"二十五元。"我到现在都还记得那顿饭的价格。

我们在喜马拉雅山脉上下穿梭，最后顺利抵达了尼泊尔。

从那之后，我再也没有回到中国，直到几个月前，健向我发来邀请。时间过得真快啊。我已经不再是那个二十二岁的背包客了，如今的我是一名四十九岁的教师。当年我的头发全是黑色的，如今已经生出了许多白发。

我在浦东机场下飞机后，健带我坐着轿车到常州去，那一路上看到的变化着实令我目瞪口呆。我们的车驶过的都是极为现代化的公路，道路两边尽是高塔、摩天大楼和气质优雅的路人。我看到那些大厦有的是银行，有的是企业，还有的是投资公司。在前往常州大学的路上，我们曾在一个服务区稍作停留，吃晚饭，在高速公路边竟然会有那样大的就餐场所，就像是商业中心：既有冷菜，又有热菜，自取菜品，然后结账；另外还有些餐馆是卖海鲜的，甚至有西式餐厅；地面都是大理石铺成的，看上去十分奢华，众多旅客表情自然地穿行而过，早已不觉得这些是什么新鲜事。

在常州，我做了和巴尔加斯·略萨及《普林斯顿文学课》相关的讲座。巴尔加斯·略萨是我非常要好的朋友，我很尊敬他。在那次活动中我还认识了胡安·鲁尔福的研究者、加西亚·马尔克斯的译者和博尔赫斯的译者。我们一起聊文学，还一起吃了顿很棒的晚餐，餐桌中央的圆托盘可以自行转动，上面摆着种类丰富的食物。

离开常州后，我又在上海待了两天。那四十八小时，我一直在走路。我步行走遍了法租界旧址、人民广场、上海老城区和浦东新区。我边走边感觉自己像是初次来到大城市的乡下人：上海的现代化使得纽约这座我居住了超过二十五年的城市显得像是属于另一个世纪的古老村落。

我在上海还练习了自己依稀记得的几句汉语，例如我在多次购买香醇的芒果汁时用上了"二十五元"这个词。有的话我曾经学会过，但是被埋藏到了记忆深处，而这次，我又成功地把它们挖掘了出来，例如："你好，谢谢你。"

在上海度过的最后一夜，我在外滩中心一家视野极好、能够看到浦东各大高楼高塔的饭店吃了晚饭，然后从那儿搭乘列车，前往距离市中心有33公里的机场。列车时速300公里，只用了8分钟，我就到达了机场。一直到我回到了家，依然无法从这种现代化带给我的冲击中回过神来。

不过，让我印象最深也令我最为高兴的是在中国人身上发生的变化。我依然记得第一次中国之旅时观察到的人们的表情：严肃而沉默。因为那时人们的生活本身是十分艰辛的，那一切都表现在了他们的脸上。不过2019年就不一样了，我看到更多的是笑容，连我自己都受到了感染：如今在中国，我感受到的氛围是轻松而幸福的，这个国家取得了巨大的进步。如今我已经听不到"没有"这个词了，我听到的是每个地方都在说："有，有，有……"说实话，我曾经在某个时刻偷偷地问过自己："《普林斯顿文学课》会被译成中文吗？中国读者会有机会读到它吗？"而这个问题的答案也是："有，有，有……"

可能唯一一件让我有些怀念却已经不再出现的场景是：再也没人在我身边掏出钱包，向我展示毛主席的照片了。

2019 年 9 月 16 日于纽约

译后记

我为什么热爱巴尔加斯·略萨？

侯　健

提笔之时，想到了几位朋友。

第一位朋友非常喜欢阿根廷作家里卡多·皮格利亚，曾经不远万里到阿根廷拜访作家本人。她说在自己收到皮格利亚同意她到访请求的时候"激动地哭了"。2017年，作家去世，我很难想象那几天她的心情是怎样的。不久前她发来信息，说她翻译的皮格利亚的小说《人工呼吸》就要出版了，"终于实现了自己的心愿和完成了对他的承诺"，她这样说道，语气中透着些许沉重的轻松。第二位朋友喜欢"酷酷的"和"怪怪的"文学，例如恩里克·比拉-马塔斯的作品。他在2015年的上海书展上第一次见到比拉-马塔斯，当时他对作家喊了一声："回头我翻译你的书哦。"作家回了句："哦。"后来他竟真的成了比拉-马塔斯的译者，而且翻译了他最喜欢的一本书。他会在豆瓣关注读者们的评论，对一些有失偏颇的评论会刨根问底，这一切都是且只可能是源于他对比拉-马塔斯作品的真挚热爱。第三位朋友喜爱诗歌，译过许多诗。诗歌翻译是极难的，不是凭借语言水平或是翻译技巧就可以译好的，我甚至觉得诗歌翻译压根就不能被称作翻译，因为译者要和诗人产生绝对的共鸣，要变成诗人本人（又也许文学翻译皆该如此）。前些天，这位朋友新的译作付梓，她写下了这样一句话："我完成你以完成我。"

　　我身边还有很多做文学翻译的朋友。于是我常常问自己：我们做文学翻译是为了什么？我给自己的答案有很多，但金钱或名声一定不是最主要的目的，因为你的投入和回报在绝大多数的时候并不成正比。我想，一个好的文学翻译必定首先是一个好的读者，而一个好的读者总是会迫切地想把自己读到的好书分享给更多的人，这可能就是每个坚持做文学翻译的人共有的、最朴素的出发点。不过同时，作为读者的我们又必然会有一位自己最喜爱的作家，他一定曾给予过我们某些不同寻常的体验，这种体验是在阅读其他作家时感受不到的，这也使得把身份切换成文学翻译后的我们暗自生出了一个最大的梦想：由自己来翻译他的作品。这会是一种莫大的幸福，是对文学译者最大的褒奖。上面提到的三位朋友就是很好的例子。那么对我而言，这位特殊的作家就是马里奥·巴尔加斯·略萨。

　　"五岁时学会阅读，是我的生命中所发生过的最重要的事。"略萨在他的诺贝尔文学奖致辞《阅读与虚构颂》中这样说道。对我而言，与此类似的重要之事，可能就是发现略萨的作品。

　　2008 年，我读大三时，精读课的任课老师陶玉平教授在课上提到，前些年的西班牙语专八考试总喜欢举巴尔加斯·略萨的文章，建议我们有时间去读读略萨写的东西，熟悉一下他的写作风格，可能会对考试有好处。于是我一下课就跑去图书馆找略萨的书。那时西外图书馆并没有太多西语文学作品，大概只有一两个书架，可倒真被我找到了一本略萨的小说，书名是《城市与狗》，蓝色封面上画着两个军官模样的人，一个趾高气扬,一个手舞足蹈,背景是白描的城市轮廓。我当时觉得很有意思,因为直觉告诉我书名里的狗肯定不是真的狗。就这样,在功利心和好奇心的驱使下,我把那本小说借走了。

我真的是一口气把那本小说读完的,用一句很俗的话说,那是我第一次发现"小说还可以这么写"。尤其是读到最后的部分,我发现自己被骗了,因为我一直以为小说的叙事者是某个人物,但到最后才发现竟是另一个人物,这样一来,整部小说值得回味的东西就变得更多了。在那之前,我读得最多的是武侠小说和古典名著,早就习惯了章回体小说的写法,习惯了线性叙事。可是《城市与狗》第一章的最后竟然出现了一个长达数页的段落,不同人物的声音和动作交叉在一起,模糊而混乱,似乎在描写某件不合常理的事情:出场人物是谁?他们在干什么?我带着这两个问题反复阅读那个部分,慢慢抽丝剥茧,待到终于明白发生了什么之后,体验到了前所未有的阅读快感。

说来惭愧,那是我第一次感受到外国文学带来的震撼。在接下来的一段日子里,我又读了《绿房子》,再次被震撼了:一部小说竟然可以有这么多条主线齐头并进,最后汇到一起,这真是太奇妙了!读《潘达雷昂上尉和劳军女郎》,原来连电报、广播、悼词都可以嵌入小说里去!读《酒吧长谈》,情节可以由一场场对话引出,读者就像是在做拼图游戏一样,阅读、动脑、娱乐、体验快感……我去查阅略萨的资料,了解到了"文学爆炸",了解到了许多原本陌生的名字。于是我去读《百年孤独》《阿尔特米奥·克罗斯之死》《跳房子》、博尔赫斯的短篇小说……在略萨的引领下,我完全进入西语文学的世界中去。我一边疯狂阅读着自己能找到的所有西语文学书，一边不断寻找着未曾读过的略萨作品。那时，西班牙语专业的毕业生，尤其是男生，很容易找到极好的工作，而我的学长们也大都选择了进入企业，做外派的工作。大学前两年，我对未来很迷茫。我依然记得大一时，老师问大家毕业后想做什么工作，我当时说自己想开家旅行社，但其实那是假话，很可能只是受到了西安旅游氛围的感染。阅读略萨改变了一切，我想继续阅读略萨、了解略萨、研究略萨，想做些和西班牙语文学有更密切关联的事情。于是后来我选择继续读书，继而进入高校成为西语教师，再后来又做起了文学翻译。

2011 年上半年，也就是在略萨获得诺奖之后不久，我得知略萨要来华做交流活动了，地点是上海和北京。于是当时正在读研究生的我立刻向系里请了假，把略萨的书塞满了整个书包，还准备了西班牙语版的《红楼梦》作为礼物，并写了一封信讲述他对我的影响，然后心怀忐忑地搭火车赶到了上海。

上外的讲座现场人山人海，我虽然找到机会把礼物和信一起交给了略萨的妻子帕特丽西娅，却一直没有办法和略萨本人近距离接触。讲座结束后，人群疯了似的向略萨拥去，保安努力地进行着防护。我手里拿着略萨的书，好不容易挤到了非常靠前的地方，可终究无法近身。种种尝试最终以失败告终，略萨的身影消失在了报告厅后门。我有些失落，但也无可奈何，只好随着人群离开了报告厅。

走出报告厅，我想碰碰运气，便绕到了报告厅后门，果然看到略萨来时乘坐的那辆面包车停在后门的一个隐蔽处，而略萨就坐在靠窗的座位上，周围没有中方人员陪伴，似乎正在休息。我那时也顾不了太多，立刻飞快地跑了过去，敲了敲车窗玻璃。略萨看到了我，做了个不要着急的手势，开始从车里试着打开窗子，那扇窗子是推拉式的，似乎有好一段时间没打开过了，略萨试了一阵子，才终于把窗子拉开来。我很激动，伸出手去，略萨也很配合地和站在车外的我握了手。

"我是您的忠实读者，您写的所有小说我都看过!"

"啊，是吗?"略萨的微笑很有亲和力。

"我给您带了份小礼物，已经托帕特丽西娅交给您了。"

"啊，真的吗? 她已经拿到了，是吗?"

"是的，在她那儿了。我还带来一本您的小说，能给我签个名吗?"

"当然没问题!"

略萨显然经验丰富，立刻从衬衫兜里抽出了一支签字笔，在我从书包里抽出的第一本书（西语版的《凯尔特人之梦》）上，写下了这样一句话："Un cordial saludo de MVLl（来自马里奥·巴尔加斯·略萨的诚挚问候）。"

这时，天空飘起了小雨，我心满意足地向略萨道了别，高兴地离开了，回到宾馆才反应过来自己没有和略萨合影。这成了我最大的遗憾之一，因为略萨之于我实在是太特殊了。

后来我成了西语文学作品的译者，出版社的编辑老师们知道我对略萨作品的喜爱之后，相继把《五个街角》和《普林斯顿文学课》的翻译任务交给了我，我终于感受到了前面提到过的那种"莫大的幸福"。2019 年 8 月，在西葡拉美文学研讨会召开期间，两位朋友（正是前面提到的比拉–马塔斯的译者和诗歌译者）问我："除了给你的人生带来的影响之外，你喜欢略萨还有什么别的原因吗？"

这个问题的答案，我思索了很久，因为十几年来我从未想过除了对我人生的影响和高超的文学技巧之外，还有什么别的原因使得我能如此持续地热爱略萨。后来我发现，答案也许就藏在《普林斯顿文学课》之中：略萨从来不重复自己，哪怕已经功成名就，也不断保持思考。他从不畏惧权力阶层，既批判别人，也审视自己。《普林斯顿文学课》正是这样一本思考之书，它记录了略萨对政治、文学、历史、社会、恐怖主义等领域中出现的诸多问题的深入看法。我习惯读略萨每隔两周在《国家报》"试金石"专栏上所写的专栏文章，跟随着他，不断思索在我们这个时代发生的大小问题。没错，这就是我热爱略萨的又一个原因，他就像一位从不露面的老师，始终教导着我该如何去理解周围的一切。也因此，翻译《普林斯顿文学课》比翻译《五个街角》更令我兴奋，因为这位无形的老师终于露了面，真正走上了讲台。我期待着国内的读者也能暂时跳出略萨的小说世界，从另一个角度去发现略萨的智慧。

除了略萨与鲁文·加略以及菲利普·朗松的精彩对谈，在《普林斯顿文学课》中同样值得我们赞叹的还有参与到这门文学课中的十几位普林斯顿大学的学生，他们不仅展现出卓越的信息搜集能力和广泛的阅读基础，而且始终坚持独立思考，勇于提出自己的见解。我对那位叫作拉腊·诺加德的同学与略萨进行的下面这段讨论《酒吧长谈》中阿伊达这个人物的对话印象尤其深刻：

拉：阿伊达是小说里唯一一个既跟资产阶级没关系又不是妓女的女人。

略：她是政治狂热分子，想要改变很多东西，在男权社会中不断挣扎着。

拉：对，但她同时也像是个物化的人物，圣地亚哥爱她，雅各布也爱她：她在小说中最重要的作用就是让两个男人同时爱上了她，然后二人开始较劲，看谁最终能拥有她。阿伊达似乎是整部小说中最强大的女性角色，可最终也物化了，成了两个男性角色争夺的对象。

略：我们谈到了一个很有争议性的话题。阿伊达这个人很清楚在自己国家发生着哪些不好的事情，她想行动起来，于是她变成了狂热分子。好了，我们现在来讨论一下：这影响她谈恋爱了吗？

拉：当然不。她可以恋爱，而且她确实坠入了爱河。但有意思的是，小说里所有的女性角色都爱上了某个男性，但男性角色则并非如此：有一些男性角色在整本小说里都没有爱上过任何人。

略：就阿伊达的例子而言，有两个男人同时爱上了她，最后她选择了其中之一。

拉：对。

略：那我们就祝他们幸福吧！

在这里，略萨显然知道他们在讨论较为敏感的女性地位问题，也表现出了想早早结束对话的态度，拉腊却步步紧逼，丝毫没有因为对方是诺贝尔文学奖得主而将自己的想法藏在心里。我想，略萨是绝对不会感到不快的，因为挑战权力本就是他本人一向的态度。

我一向有给自己翻译的书写译后记的习惯，可是在刚译完《普林斯顿文学课》时，我决定这次不写了，因为阅读这本书给读者们带来的启迪已经足够多，我担心自己的任何文字都将会是画蛇添足。不过后来在本书责编陶媛媛编辑的鼓励下，我改变了主意，没想到最后比预计要写的长了不少，因为这次我着实难以在书迷、译者和研究者这几个身份之间自由切换。

2019年6月24日，我收到了来自略萨秘书菲奥莱娅女士的邮件，略萨同意10月29日在他位于马德里的家中接受我的专访。正准备入睡的我激动得从床上跳了起来（向那一晚被我吓到的家人道歉）。不过就和此时一样，我压根不知道该以哪种身份去做这场专访。不过管他呢，略萨仍然未停止文学创作，我们追逐略萨文学的脚步也未停下（也将永不停歇），也许这才是最重要的。

2019年9月20日于常州

人员名称缩略表

鲁文·加略（书内简称"鲁文"）

马里奥·巴尔加斯·略萨（书内简称"略萨"）

珍妮弗·薛（书内简称"珍妮弗"）

拉腊·诺加德（书内简称"拉腊"）

本·胡梅尔（书内简称"本"）

迭戈·内格隆–赖夏德（书内简称"迭戈"）

马利斯·欣克利（书内简称"马利斯"）

维多利亚·纳瓦罗（书内简称"维多利亚"）

巴勃罗·古铁雷斯（书内简称"巴勃罗"）

米格尔·卡瓦列罗（书内简称"米格尔"）

迭戈·比维斯（书内简称"比维斯"）

亚历山德拉·阿帕里西奥（书内简称"亚历山德拉"）

夏洛特·威廉姆斯（书内简称"夏洛特"）

基莱·伯林（书内简称"基莱"）

埃琳·林奇（书内简称"埃琳"）

阿隆·比利亚雷亚尔（书内简称"阿隆"）

豪尔赫·席尔瓦（书内简称"豪尔赫"）

埃米利奥·莫雷诺（书内简称"莫雷诺"）

菲利普·朗松（书内简称"菲利普"）